U0943723

句法省略与汉语截省句研究

刘丽萍 ◎ 著

中国社会科学出版社

图书在版编目(CIP)数据

句法省略与汉语截省句研究 / 刘丽萍著. —北京：中国社会科学出版社，2015.4

ISBN 978－7－5161－5936－1

Ⅰ.①句… Ⅱ.①刘… Ⅲ.①汉语－句法－研究 Ⅳ.①H146.3

中国版本图书馆CIP数据核字(2015)第075055号

出 版 人 赵剑英
责任编辑 任 明
特约编辑 李晓丽
责任校对 王 斐
责任印制 何 艳

出 版 中国社会科学出版社
社 址 北京鼓楼西大街甲158号
邮 编 100720
网 址 http://www.csspw.cn
发 行 部 010－84083685
门 市 部 010－84029450
经 销 新华书店及其他书店

印刷装订 北京市兴怀印刷厂
版 次 2015年4月第1版
印 次 2015年4月第1次印刷

开 本 880×1230 1/32
印 张 8.25
插 页 2
字 数 214千字
定 价 48.00元

前　言

一个普遍的共识是，语言是由一系列不同的声音和意义构成的系统。因而，探索声音和意义之间的对应关系并建立起相应的理论是当代理论语言学的基本目标。而自然语言中大量存在的各种省略（ellipsis）现象却告诉我们，有些具有语义内容的成分完全可以失去它的语音形式。即便我们把沉默无声看作一种特殊的声音，这种特殊的声音在不同的句子中所表达的意义既不是唯一的，也不是固定的。正如 Merchant（2006）所言：省略是对音义对应观点的最大挑战；Bühler（1934）甚至把省略称为“语言学家的古老十字架（old cross）”。

但省略的研究价值却是毋庸置疑的。语言中的省略既涉及语音和语义，也离不开句法和语用。对省略现象的研究为我们认识语言不同层面的接口关系提供了一个合适的切入点。大而言之，由于省略同时体现了语言在生成过程中的经济性和理解过程中的复杂性，也为我们认识语言与认知的关系，并进一步探讨语言的本质提供了一个窗口。

正是由于以上原因，长期以来人们对各种省略现象的研究兴趣不减。省掉的句子成分虽然没有语音形式，但却具有语义内容。那么，在什么样的句法语义条件下，一个句子成分可以被省略呢？是什么样的规则制约着句子中的某些句法成分可以以语音缺省的形式出现？不同的语言中有不同的省略句式，这些形式不同的省略句式是什么原因造成的呢？听话人是如何理解这些没有语音形式的部分呢？所有这些问题都吸引着人们不断地进行探索。

尽管省略现象在汉语中大量存在，很多汉语研究者也注意到了汉语中的省略现象，但对汉语各种省略句式的细致研究远远不够。就目前的研究现状来看，有些学者否认省略的存在，认为既然听话人能够理解就不需要补出，既然不需要补出就不存在省略。而在承认存在省略的学者中，对于一个句子究竟省略了什么也缺乏一致的看法。

近些年，西方语言学对省略问题的关注引起了汉语学界对汉语省略句式的更多研究兴趣，不少学者采用当代形式主义语言学的方法对汉语的省略句式进行研究，发现了很多以前很少被关注的语言现象。在形式语言学理论指导下对省略句式进行的研究中，较为成熟的是动词短语省略（VP－ellipsis）[①] 和动词空缺句（verb gapping）[②]，最近二十年来对截省句（sluicing）[③] 的关注开始增多。但总体来看，对汉语截省句研究还处于起步阶段。

本书的写作目的在于探讨以下几个方面的问题：（1）什么是句法省略？（2）在当代形式语言学理论框架下，对汉语省略句式的研究取得了哪些主要成果？（3）与英语的动词短语省略及动词

---

① 学界对 VP－ellipsis 的翻译不完全一致，不同的名称还有“略谓结构”（李汝亚，2008）、“谓语省略”（李艳惠，2005）、“谓词省略”（傅玉，2010）等。由于汉语的类似句式中仍包含有谓语成分，且省略的成分在句法上是一个动词短语，所以本书将 VP－ellipsis 翻译为“动词短语省略”。

② 对 gapping 也有不同的译法，早期译为“缺口句”，除此之外还有“动词省略”（李艳惠，2005）、空动词句（Tang，2001）和动词空缺句（傅玉，2012）等。

③ 英文术语“sluicing”来自于 Ross（1969），其相应的动词和名词形式为 sluice。与词典义相对照，该术语带有比喻色彩。Merchant（2001：4）曾建议取相似发音的另一个术语：S－losing，原因是后者更符合这个术语所描述的句式的特点，即 S－节点下除疑问词之外的其他成分“丢失（losing）”。但国外语言学文献中仍使用“sluicing”一词。本书采用李艳惠（2005）的翻译方法将“sluicing”翻译为“截省”，并把此类省略句式称为“截省句”。

空缺句相比，汉语动词性省略句式有什么特点？(4) 什么是截省句？与典型截省句相比，汉语截省句有哪些特点？(5) 如何解释汉语截省句所呈现出来的各种特点？(6) 汉语截省句是如何派生和被理解的？

本书共分为七章，各章主要内容如下：

第一章，分析省略现象的语言学本质，并尽可能全面地介绍当代语言学对省略现象的主要研究方法和理论成果。

第二章，对语言中的各种省略现象进行全面的梳理和归类，并介绍当代形式语言学理论对省略结构的一般研究思路。

第三章，对目前形式语言学领域内研究较多的汉语省略结构的研究成果进行介绍和具体分析。这些省略结构主要是动词短语省略、动词空缺句和并列空动词句等。

第四章，介绍典型截省句的特点及其与疑问句类型之间的关系。

第五章，全面考察汉语截省句的句法特征，包括汉语截省句主句动词的选择限制特点、汉语截省句的孤岛敏感性等。

第六章，分析“假截省句分析”的解释能力，并讨论汉语假截省句的特点。

第七章，采用逻辑式复制法对汉语典型截省句进行解释，并指出汉语两类截省句在语用上的一致性。

最后是本书的结语。

目　录

第一章

句法省略概述

本章首先讨论“省略”这一普遍语法现象的语言学性质，证明省略是一种具有语义内容但缺乏语音形式的特殊语言单位；其次从经验和理论两个方面证明省略的存在，同时探讨判定省略的标准；最后将省略与空语类（empty category）进行比较，说明二者的差别。

第一节　声音与意义的不对应

人类认知系统与语言能力之间的相互作用可以通过语言的不同层面来体现。根据乔姆斯基的看法，人类认知能力中有两个系统与语言相关，这两个系统是：声音—感知系统（articulatory - perceptual system）和概念—内涵系统（conceptual - intentional system）。相应于这两个系统，语言结构中分别存在两个与显性句法（overt syntax）[①] 相接口的层面：语音层面和语义层面，这两个层面的语言形式分别称作语音形式（Phonctic Form，PF）和逻辑形式（logical form，LF），后者是对句子进行语义解释的基础。通过

---

① Chomsky（1995：169.）指出：计算系统中有些部分只与语音形式（PF）有关，有些部分则只与逻辑形式（LF）有关，同时与语音形式和逻辑形式都有关的部分称为显性句法。

对语言这两个层面的接口的研究，我们可以探究语言与人类一般认知能力之间的关系，进而加深对语言本质的认识。

图（一）是形式语法中的最简方案（minimalist program）框架下对句法系统各个层面之间关系的基本构想：

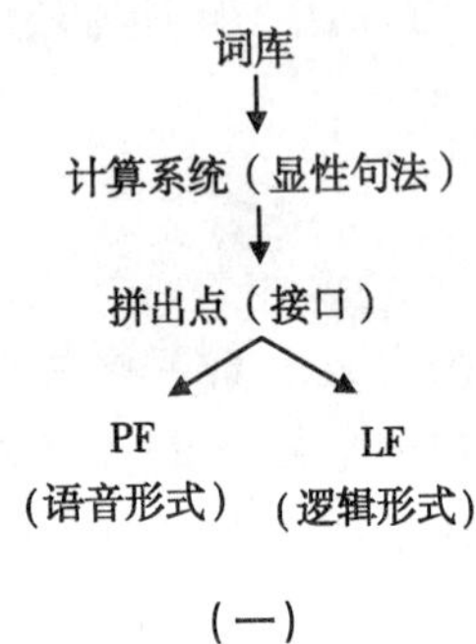

（一）

该模型也展示了形式句法学对语言生成过程的基本认识：词库储存了语法的基本单位——词汇——的信息，从词库中选取词汇到达计算系统，通过合并、移位与删略等操作，最后经过特征核查（feature checking）之后到达拼出点，分别输入语音层面和逻辑层面，并在这两个部分进行独立的音系和语义的操作，最后生成合乎语法条件并具有相应的语音形式和语义内容的句子。

上面的图示也反映出语言中合乎语法的句子应该同时具有声音和意义。实际上，对"语言是声音和意义的结合体"的这一基本认识从亚里士多德时代起就已经形成。特定的声音表示特定的意义，使语言成为一个可以传达意义交流思想的工具。以（1）为例：

（1）老板给了小王一个团队。

（1）是汉语中一个合乎语法的句子，该句具有固定的意义。其语义、句法和语音之间的关系可以简单描述如下：句（1）表示一个完整的事件，在这个事件中，参与者是“老板”“小王”和“一个团队”，动词“给”表示三者之间的关系。从语义角色（thematic roles）来看，“老板”是施事（agent），“小王”是受益者（beneficiary），“一个团队”是客事（theme）；从动词的配价和论元结构（argument structure）来看，“给”是三价动词，它需要三个题元角色的参与才能表达一个相对完整的事件，相应地，它在句法上需要三个论元位置，并给这三个论元位置分别指派一个题元角色。在（1）中，“给”的每个题元角色都在相应的位置上得到了语音形式上的实现，而每个语音单位也都具有实在的意义。因此，我们也可以说，在（1）这个句子中，句法、语义和语音之间具有完美的对应关系。

但在自然语言中，语音和语义之间并不总是这么整齐对应的，所谓“言外之意”，正说明存在着声音没有或者不能直接传达的内容，如下面的对话：

（2）A：这个周末你想去滑雪吗？
　　B：我下周一有考试。

（2B）没有直接表达的意思是：我不能去。

又如，妻子要求丈夫陪她购物，丈夫说了下面的话：

（3）我很累。

（3）实际上想要表达的信息是：我不想去。

上面所说的意义就是“言外之意”，Grice（1975）称之为会话含义（conversational implicature），会话含义的产生有许多条件，此不赘述。“言外之意”体现了语言交际功能的一个方面，这里的“意义”是交际层面的意义，属于语用范畴，是传统语用学研究的对象。

从句法的角度来看，声音与意义之间的不一致关系主要体现在两个方面："有音无义"和"有义无音"（李艳惠，2005）。"有音无义"的情况，如：汉语的结构助词"de"（包括：的、地、得）、动态助词或体标记"了"等，孤立地看，没有具体的描写内容（discriptive content）；又如：表示语义上等同关系的"是"（在"我是小刘""这本书的作者是莫言"等句子里），在对句子进行语义解释时也是不起作用的；再如：英语的助动词"do"，只在某些特定的句法环境下出现，本身也没有具体意义可言。这类语言单位的特点如下：

声音—有
意义—无
句法—有

这里的"句法"指图（一）所示的显性句法，它是指句子在生成过程中，与语音部分和语义部分同时相关但又相对独立的那一部分句法。

不难看出，"有音无义"的语言单位主要是一些功能性词汇成分，尽管这些语言单位在句法上具有重要作用，但它们却没有任何实在意义。

如果说有音无义的现象在语言中并非大量存在的话，那么"有义无音"的情况则很普遍，而且情况很复杂，下面的例句（4）中方括号中的部分具有"有义无音"的特征：

（4）[ ] 来了。

这句话描述了一个简单的事件，其中实施"来了"这一动作的人并没有在句子中出现。如果脱离了具体的语境，（4）的意义显然是不完整的，但在汉语的实际言语交际中，根据特定的环境，听话人自然地知道谁来了，说话人也知道听话人会知道这一点。换言之，空缺部分的意义是讲话人和听话人共同知识的一部分。因此，将动词“来”的主语略去不说，并不影响听话人对该句意义的完整理解。

尽管（4）在实际的交际中不会造成困难，但我们仍然认为方括号中包含一个不发音的句法成分，且该成分是有意义的。这一点也可以参照逻辑语义学对句子意义的分析来说明。按照逻辑语义学，（4）表达的应该是一个由表示个体的论元和表示特征的谓词构成的简单命题，其逻辑表达式是（5）：

（5）P｛λx｛（x，来’）｝｝

（5）中加“’”的词汇表示自然语言的词汇在逻辑语言中的对应形式。P 表示过去时，x 是个体变量（individual variable），其所指范围是论域中所有相关的成员，一旦 x 的取值确定，（5）就是一个完整的命题。换言之，由于“来”的主语空缺，所以相应的逻辑语言中的 x 取值不确定，（5）只能是一个没有真值的开语句（open sentence）。这说明，只有当 x 的取值确定之后，（4）的命题意义才完整。因此对整个句子的意义而言，（4）中空缺部分的意义是不可缺少的。

如果说（4）中空缺部分的意义无法从本句内的语言形式中获得的话，下面的（6）中空缺部分的意义则可以在上下文中找到。

（6）张三去过非洲，李四没有［　］。

（6）的第二分句“李四没有”的完整解释应该是“李四没有

去过非洲”。虽然动词短语“去过非洲”并没有在第二分句中出现，但我们根据句子结构上的平行关系，可以在第一分句中找到与第二分句空缺部分相应的短语是“去过非洲”。换句话说，第一分句中出现的“去过非洲”是第二分句空缺部分的先行语（antecedent）。参照（6）的第一分句，我们可以认为（6）的第二分句省略了动词短语“去过非洲”，此类省略就是文献讨论较多的动词短语省略（VP_ ellipsis）。

与前面提到的“言外之意”所不同的是，虽然对（4）和（6）中空缺部分意义的理解也要借助交际环境，但这里语音形式上的空缺与句法特征有关，并涉及特定语言的参数设置（即不是所有的语言都允许这样的空缺）；而“言外之意”是交际策略产生的意义，具有跨语言的特征，和句法及语言的参数设置均无关。

上面讲的（4）和（6）中空缺的部分都属于“有义无音”的语言单位，其特征可以概括如下：

声音——无
意义——有
句法——？

打了问号的“句法”是研究的重点，也是存在争议的地方。就省略而言，否认省略的学者所持的看法其实是“无句法”，支持省略的学者则认为“有句法”。这些具有语义内容但缺乏语音形式的语言单位在语言中大量存在，它们被统称为空成分（empty elements）。尽管这些有义无音的语言单位都是空成分，但它们的生成过程及句法特征并不一致，根据空成分产生条件的不同以及句法表现上的差异，可以把它们区分为两种：省略和空语类（empty category）。图示如下：

空成分{省略
空语类}

下面我们将分别对这两类空成分的语法特点进行探讨，然后比较二者的差别。进一步说明什么样的空成分属于省略，而不是空语类。

第二节 省略

提到省略，首先面临的问题是，当我们说一个句子中包含省略掉的成分时，依据是什么？这个问题如果不讲清楚，就难免对一些句子是否包含省略成分存在争议，也就很难作进一步的研究。

下面我们就在前人研究的基础上，从经验和理论两个方面来探讨如何判断省略的存在。

一 省略的判定——来自经验的观察

本小节重点介绍汉语学界在省略研究方面的几个比较有代表性的看法，分析这些看法的合理之处，并作进一步的补充。

吕叔湘（1979：42—43）对省略有如下阐述："要是平心静气来考虑，应该说有省略，但是有条件：第一，如果一句话离开上下文或者说话的环境意思就不清楚，必须添补一定的词语意思才清楚；第二，经过添补的话实际上是可以有的，并且添补的词语只有一种可能。这样才能说是省略了这个词语。"根据以上观察，我们可以把汉语中的省略现象分为两种情况：一种情况是指在上下文中可以找到省略的词语（也即前文所说的先行语）；另一种情况是指在上下文中找不到先行语，但根据具体的语境（即"说话的环境"）可以知道省略的词语。仍以吕叔湘（1979）的例子来说明：

(7) 稿子写得不好就重写，一次不行写两次，两次不行写三次。

吕先生认为，如果没有上下文，(7) 中“一次不行”和“两次不行”的意思就不清楚，因为不带上一定的动作就说不上“行”和“不行”，而要添补就只能添补“写”，不能添补别的。因此 (7) 中是包含省略成分的。

按照吕先生的意思，(7) 经过添补后的完整句子应该是：

(8) 稿子写得不好就重写，［写］一次不行写两次，［写］两次不行写三次。

吕先生又举了下面的例子：

(9) 他买了两本画报，我也买了一本。

如果只看第二个分句，就不知道“一本”后面的名词是什么，连上上半句就会知道省略的是“画报”。经过添补后的句子应该是：

(10) 他买了两本画报，我也买了一本［画报］。

某种程度上讲，吕先生给的判断省略的标准是很准确的，可以用来判断大部分的省略句，但按照这样的标准也仍然存在难以判断的情况。如下面的例子：

（11）我给你带回来一样新奇的东西，你猜猜是什么？

如果离开上下文，（11）的第二分句意思不清楚，因为只说“猜猜是什么”，在没有上下文和说话语境的情况下，我们无法确知内嵌小句“是什么”所陈述的对象为何。这样看来，“是什么”前面有一个空缺的地方必须要添补一定的词语，也就是说这个句子符合吕叔湘先生提出的第一个标准；但问题是省略的部分应该用什么词语来添补呢？观察上下文，不难发现（11）中第一分句中的“一样新奇的东西”是空缺部分的先行语。通过直接复制先行语，我们可以对“是什么”前面空缺的部分进行添补，但添补出的句子（12）的可接受程度比较差。相比之下，（13）的添补更合适：

（12）*我给你带回来一样新奇的东西，你猜猜［一样新奇的东西］是什么？

（13）我给你带回来一样新奇的东西，你猜猜［这样新奇的东西］是什么？

但这样的添补依据是什么暂不清楚。如果是依据语感的话，甚至还可以说添补的是（14）中方括号里的内容：

（14）我给你带回来一样新奇的东西，你猜猜［它］是什么？

这么一来，添补的词语就不只有一种可能了；也就不符合吕先生的第二个标准了。但如果我们就此认为（11）不是省略句，好像也不对。因为从句法上看，“是什么”的前面应该有一个主语位置，而该主语位置上没有一个具有显性语言形式的词项（虽然说汉语的人很习惯说“猜猜是什么”而不会觉得“是什么”的前面缺少了主语，加上主语反而有点多余，这也是为什么有些学者不同意这里有省略)。为了解决这一问题，可以把上述吕先生的判断标准稍作补充，这样就可以把类似（11）这样的句子包括进去。补充的办法就是把第二个标准改为：可添补的词语在语义上只有一种解释。

就（11）而言，无论“是什么”前面空缺的具体语言成分是（12）中的“一样新奇的东西”，还是（13）中的“这样新奇的东西”，或是（14）中的代词“它”，均与第一个分句中“一样新奇的东西”所指相同，或者说“语义解释”相同。

另一种情况是没有上下文或显性语言形式作先行语，只能根据说话时的情景才可以确定省略的内容。吕先生没有举例，下列例句说明了这种省略结构的特征①：

（15）服务员：二位喝点什么？
顾客：我［ ］橙汁，他［ ］咖啡。

（16）工人：老板，哪些柜子我刷？
工头：你［ ］里面的柜子，他［ ］外面的柜子。（陈满华，2008：114）

（17）室友A：我睡上铺！
室友B：那我［ ］下铺！（傅玉，2012：30）

（15）中顾客的话中两个分句各缺少一个表示两个名词之间关系的动词，如果没有谈话的语境，这个句子的意思是不清楚的，必须添补一定的词语；而根据（15）的谈话条件，很容易在服务员的话中找到唯一可以添补空缺的词语是“喝”。可见（15）中顾

① 例句（15）—（17）中的方括号“［ ］”是笔者加的，用来表示空缺的部分。

客的话符合吕先生判断省略的两个标准，应归为省略句。同理，（16）中工头说的话与（17）中室友B说的话中分别空缺了动词“刷”和“睡”，这些句子都符合吕先生提出的两个标准。与前面的（7）—（11）相比，（15）—（17）中省略的成分与其先行语不在同一个句子内，需要到谈话环境中去寻找。类似（15）—（17）的省略是汉语中比较特殊的一种省略句式，Tang（2001）称之为“空动词句”，傅玉（2012）称之为“次类动词空缺句”。关于这类空动词句的生成条件及其语义语用特点，我们将在本书第三章作进一步探讨。

王力（1980）指出，“被省略了的东西，必须是在正常的情况下经常出现的，至少是出现和省略的机会差不多相等”，王力先生后来又给省略作了如下定义：“凡比平常的句子形式缺少某部分者，叫做省略法。”（王力，1985：317）以上看法都在一定程度上反映了省略的特点，即：（1）省略不是强制性的句法空位，它的出现是自由的；（2）省略句式中缺少了一定的句子成分。但根据王力先生给出的特点和定义仍然不太容易判断一个句子中是否存在省略。主要原因在于：首先，我们需要弄清楚“正常的情况”和“平常的句子形式”是什么。假定不受语境影响就是正常情况，并且在此条件下，一个具有完整“主语＋动词＋宾语”结构的句子是汉语中平常的句子形式。但有些句子跟这个假定的句子形式相比，虽然看起来缺少了某一成分，可是这缺少的成分我们基本上不说，说出来句子反而变得不好接受，如（18）：

（18）a. 下雨了。

b. ? 天下雨了。

c. * 它下雨了。

所以，像（18a）这样的句子究竟应不应该看作省略句也不好说。一个处理的办法是把（18a）这样的句子作为一类特殊句式，并规定该类句式的平常句子形式就是“动词＋宾语”，这样做的好处是可以确定（18a）中没有省略，同时也可以解释（18b）和（18c）为什么不对。但这样一来就需要对这类句子的平常形式与一般的主动宾俱全的句子相区别，即便这样做是可行的，碰到（19）这样的被动句，究竟（19a）和（19b）哪一个是平常的句子形式也很难说：

（19）a. 多情的人总是被无情的人伤害。
　　　b. 多情的人总是被伤害。

（19）中的两个句子读起来都很通顺，从句子形式来看，（19a）和（19b）的区别在于“被”后面带不带宾语。如果它们属于同一类句子，那么究竟哪一个是平常的形式？如果把它们当作不同类型的句子，就会增加一类句型，这样做的结果会使汉语的句子类型变得庞杂而难以穷尽。

比较而言，采用吕叔湘（1979）提出的“离开上下文或语言环境意思不清楚或不完整”这一标准来判断一个句子是否存在省略更容易操作些。如果采用这一标准，我们就可以断定（18a）和（19）中的句子都不是省略句，因为这些句子的意思不需要上下文就很清楚。

根据吕叔湘（1979）提出的标准可以判断在大部分情况下一个句子中是否包含省略，但通过观察语言形式以及凭借个人的语感来判断省略仍然会遇到一些似是而非的情况，尤其是那些同样有义无音但其特点与省略不完全相同的空位成分（如前文提到的空语类）时，就不好判断是不是省略。正如吕先生在后来的一篇文章中所指出的“严格意义的省略应该只用来指可以补出来并且只有一种补法的词语，否则不能叫做省略，只能叫做隐含。可是这二者也难分清。如果换一种说法：意思里有，话语里就出现，意思里没有，话语里就不出现，这是正常情况。意思里有而话语里不出现，这就是‘省略’。但有时候意思里究竟有没有也是不好判断的。”（吕叔湘，1986：3）这段话中的“隐含”与空语类虽然不完全是一个概念，但“意思里有，话语里不出现”的情况正是空语类的一个特点。可见，经验的观察尽管在一定程度上为我们提供了判断省略的办法，但仅靠这样的观察来确定一个句子中是否存在省略仍存在一定困难。因此，我们需要从理论上进一步分析省略的特征，并探讨省略与空语类（包括吕先生提到的“隐含”）的区别。

王维贤（1985：409）对省略的特点做了如下描述：“在不同的语言平面上，‘省略’有不同的含义和内容。从不同的角度，运用不同的方法，对同一语言现象，在‘省略’问题上，也可以有不同的解释。从语言的表层结构，即从言语中实际存在的句子的结构看，语音的省略不同于语法的省略，语法的省略不同于语义的省略。但是，有时语音、语义的省略也会涉及语法省略问题。”根据这段话，从不同的角度研究省略会得出不同的结论，且省略广泛存在于语言中，在语言的语音、语法、语义上都有不同的体现，是一种复杂的语言现象。这一点与我们前文分析的省略的本质特征是一致的。

省略作为一种有意义但缺乏语音形式的语言现象，必然在语言的不同层面有不同的反映，因此从不同的层面对其特点进行描写，对于全面认识这一语言现象具有重要意义。但正如任何一个客观存在的物体，从不同的角度去观察它会获得不同的影像一样，要想认识该物体的整体，仅从某一个角度观察它是不够的。只有深入研究它的根本特征，才能够解释为什么从不同的角度观察，它会呈现出这样那样的特点。同样地，对于省略这一语言现象，如果只对它在某个平面的表现进行描写，从而得出不同的结果，恐怕很难达到对这一现象的完整认识。因此，最终的研究还应该从其根本特征即其句法上的特点出发来研究，并将它在语言不同层面的表现贯穿起来。

我们之所以要借鉴生成语法对省略的研究方法，主要原因之一正是该方法把省略在语法不同层面的表现看作同一个问题，探讨它在句法体系的各个接口部分的表达，并将这些不同的表达贯穿起来，作为一个独立的语法现象进行解释。具体来讲，在生成语法框架下对省略的研究，尽管也有不同的途径，但这些途径的理论基础是一致的，即无论从语音层面还是语义层面出发对省略进行的研究，都与省略在显性句法中的生成过程密切相关，且都是在一个基本统一的框架下进行的。

指出传统分析的局限性以及在生成语法框架下研究的合理性，并非否定传统研究的价值。相反，以上提到的对省略现象的观察和总结都有一定的道理。无论是吕叔湘（1979）提出的判定省略的标准，还是王力（1985）所说的“省略法”，以及王维贤（1985）对省略特点的概括，都与生成语法对省略或者空语类的研究成果有不谋而合之处，也都在一定程度上反映了省略的一些基本特点。事实上，建立在经验观察基础上的正确认识是理论研究的第一步，而且总是可以和理论上的进一步分析相互印证。

因此在前文分析的基础上，我们把以上提到的比较有代表性的看法以及进一步的补充综合起来，对省略的判定标准及省略的特征作出如下经验性的概括：

（20）省略的基本特点及其判定标准：

a. 离开上下文或语言环境意思不清楚或不完整；

b. 省略成分应该可以添补，并且可添补的词语在语义上只有一种可能；

c. 省略涉及语言的各个组成部分：句法、语义和语音，并且体现三者之间的相互联系。

二 省略的判定——来自理论的分析

在一个句子中，动词的语义作用至关重要，可以说，它是整个句子的语义核心（semantic core），汉语学界把动词中心语称为“动核”也是这个道理。除了动词之外，一些缺乏实在意义的虚词成分，如汉语的助词、介词、副词、连词等在句子中的作用也不可或缺。一般认为，汉语语法中最重要的两个元素是虚词和语序，正说明了虚词在汉语中的重要地位。

下面我们分别以汉语的动词（典型的实词）和助动词（典型的虚词）前后成分的空缺为例，分别用生成语法和结构主义的分析方法来证明，如何从理论上认定一个句子中存在省略。

根据一个句法范畴（syntactic category）是否具有实在意义，生成语法把所有的范畴区分为词汇范畴（lexical category）和功能范畴（functional category）两大类。在汉语中，动词是典型的词汇范畴的核心语（head），而助动词则是典型的功能范畴的核心语。无论哪一类核心语，都会选择特定的补足语（complement）。核心语所具有的这种对其补足语的选择限制（selectional requirements）特点，也称子语类（subcategorization）属性。在一个合格的完整句子中，核心语的子语类属性必须得到满足。因此，我们可以根据一个功能性或者词汇性的核心语的子语类属性是否得到满足来判断一个句子中是否有省略。如：

(21) 小张吃了早餐，小王没吃［ ］。

动词“吃”需要选择一个名词短语充当其补足语，从而满足其子语类要求。尽管（21）第二分句的动词“吃”的后面缺少这样一个成分，但它却是一个完全合格的句子，因此我们可以断定，满足“吃”的子语类要求的是一个空位成分。换言之，“吃”后面是一个省略了语音形式（或者语音形式空缺）的名词短语。而且这个空缺的名词短语是可恢复的，因为我们可以凭借（21）中两个分句之间的平行性找到空缺的名词短语的先行语，即“早餐”。

实际上，除了子语类属性，还可以从动词“吃”的论元结构来分析和判定（21）中存在一个语音空缺的成分。及物动词“吃”应该有两个论元位置（各被指派一个题元角色），一个是域内论元（internal argument）位置，一个是域外论元（external argument）位置，如（22）所示。域内论元是在动词短语结构中处于动词补足语位置的论元（下图的 YP）；域外论元是在该短语结构中处于指示语位置的论元（下图的 XP）。动词的论元结构是构成一个句子的基础，而一个动词可以带几个论元跟动词的意义密切相关，一个动词的所有语义角色都必须在句子中得到实现，即动词必须有足够数量的论元，从而可以给这些论元指派该动词所需要的所有语义角色。

（22）

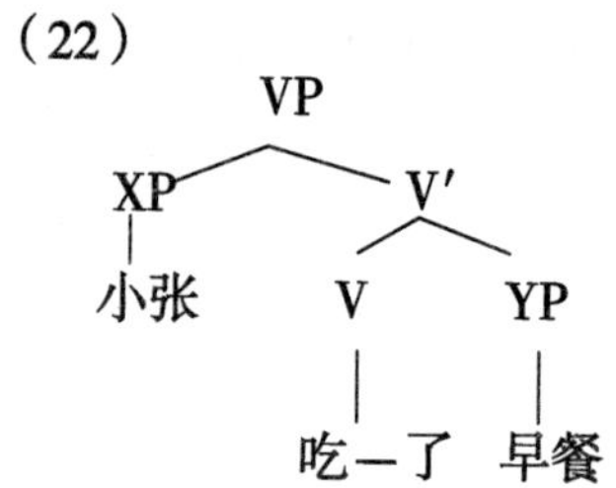

在（21）的第二个分句中，动词“吃”的域内论元尽管具有语义角色，同时也占据一个论元位置，但该位置在语音层面却没有表达形式。由此，我们可以断定，“小王没吃”这个小句中，动词“吃”的后面存在一个语音上空缺的成分。至于这一空缺的成分是基础生成还是删略而来，我们将分别在本章第四小节和本书第三章进一步讨论。

与（21）省略了一个词汇性中心语的补足语（即作宾语的

NP）不同，下面的（23）省略的是功能性中心语内的补足语（在这里是动词短语 VP）：

（23）张三会参加今天的晚会，李四也会［ ］。

助动词“会”表达“可能义”时，其子语类属性要求补足语位置上是一个动词短语或者形容词短语。但（23）的第二分句“李四也会”的后面没有任何成分，说明这里有空位存在，进一步观察，可以发现该空位成分的先行语是前面分句中的动词短语“参加今天的晚会”，因此我们可以说这里空缺了一个动词短语。

除了中心语的子语类属性要求，就（23）而言，我们还可以从副词“也”的语义特征来判断空位的存在。“也”的语义特征是把对某个个体的陈述用于另一个个体。换言之，“也”在这里的语义是说明它所在小句的主语具有的特征与前面某个主语所具有的特征相同。具体到上面的句子，“李四也会”的意思是李四具有做某事的能力或可能性，而这种能力或可能性是前面曾经提到的某个人同样具备的，即“参加今天的晚会”。该短语没有在（23）的第二分句中出现，由此它属于有意义但无语音形式的单位。

从句子本身的结构特点来判断是否存在省略，还可以参照相关的句式结构进行对比分析。如袁毓林（2002：4）所言，“一个句子到底有没有省略什么句法成分，只有把它置于相关的句式系列中进行结构上的对比分析，才能确定其中到底有没有成分省略的问题”，他指出，这种“把有关问题放在相关的句式系列中进行系统分析的方法，正是结构主义语言分析方法的精髓”（袁毓林，2002：5）。

陆俭明、沈阳（2004：152）提出了汉语抽象动词结构形式，并与此相对照来判定一个句子的主宾语位置上是否包含空语类。该“汉语抽象动词结构形式”如下：

（24）SP1（无宾语结构）：［NP1 V^1］
SP2（单宾语结构）：［NP1 V^2 NP2］
SP3（双宾结构）：［NP1 V^3 NP2 NP3］

根据（24）中的动词抽象结构形式，如果在应该出现NP的位置上没有出现符合V前NP或者V后NP条件的词语，就可以认定该处是空语类（详见沈阳，1994；陆俭明、沈阳，2004）。陆、沈二位先生提出的这个抽象动词结构形式主要是为了判定空语类的存在，但我们也可以参考这一结构形式来判断主宾语的省略，实际上对于空主语和空宾语究竟属于空语类还是省略目前并没有一致看法。陆俭明、沈阳（2004：153）把像（21）中“小王没吃［ ］”中的空成分称作“省略型空语类”，说明这类空成分兼具省略和空语类的特征。

以（21）为例，我们已知动词“吃”属于第二类动词，即单宾语动词。根据（24），该类动词的前面和后面应各有一个NP。但（21）第二分句的动词“吃”后面并没有出现NP，因此可以断定这里存在一个没有语音形式的句法成分。

综上所述，从理论分析的角度来看，一个句子是否存在空缺或省略，判断的依据有三个：（1）中心语的子语类属性要求是否得到满足；（2）动词的论元结构是否完整和题元角色是否得到满足（用来判断主宾语的空缺或省略）；（3）抽象动词的结构形式是否得到实现（用来判断主宾语的空缺或省略）。

第三节　空语类理论与汉语中的空语类

前面讨论省略时多次涉及空主语和空宾语，但在生成语法的框架下对汉语空主语和空宾语的研究则主要把它们看作是空语类。

原因很简单，空语类本质上都是论元位置上的名词性空成分，其所在的位置正是主语和宾语所在的位置。

对空语类的大量研究始于20世纪80年代。乔姆斯基（1981，1982）把自然语言的名词性成分区分为词汇性成分和空成分，后者就是空语类。根据空语类的不同句法特点，乔姆斯基把它们区分为四类，分别是：NP－语迹，Wh－语迹（又称变量），隐含代词（PRO）和脱落代词（pro）。这四种空语类分别与几种有形的名词性成分相当，即：反身代词（也称照应语）、代名词和指称语。从指称特点上来看，反身代词不能独立指称，必须依附于句内其他成分；代名词在局部范围内必须独立指称；指称语在独立范围和全句范围内都必须独立指称。乔姆斯基认为空语类也有相应的区别，具体来讲，NP－语迹相当于非指代性的照应语，其出现的典型位置是被动句的宾语位置，它必须在局部范围内受约束；出现在疑问句、话题句、关系小句中的Wh－语迹相当于指称语，它必须在局部范围和全句范围内独立指称；相当于代名词的空语类是意大利语和西班牙语中的脱落代词pro，它必须在局部范围内独立指称；隐含代词PRO属于指代性照应语，它必须与主句中的某个成分（通常是主语或者宾语）同指。

空语类理论的提出是建立在英语、西班牙语及意大利语等几种欧洲语言之上的，随着空语类研究的深入，人们很快发现了其他语言与英语等最初被研究的那些语言中的空语类之间存在的差异，汉语便是其中之一。与英语相比，汉语最明显的不同是：在非移位的情况下，汉语可以出现空宾语，而英语则不可以。比较下列对话：

（25）A：你喜欢这部电影吗？

B：我喜欢。

（26）A：Do you like this movie?

B：Yes，I like（ * it）.[①]

可见，即便是在语境信息很明确的情况下，英语句子（26B）中的宾语 it 也不可缺少；相应的汉语句子（25B）则完全合格。空语类理论没有涉及（25B）这样的空宾语，那么汉语的空宾语属于哪一种空语类呢？可以说，这是空语类理论在汉语研究中遇到的一个难题。

此外，隐含代词（PRO）和脱落代词（pro）是建立在句子的限定性与非限定性区分之上的，而汉语的句子却明显缺乏限定性与非限定性的形式特征。因此，对于汉语中有哪些种类的空语类，以及这些空语类应如何解读，曾引起热烈的讨论。事实上，不仅是汉语，在整个语言研究中，空语类都曾经是热门话题，正如李艳惠（2008：203）所言，“对空语类的辨别和解读，是过去几十年很多语言研究中争论最激烈的话题之一”。

就目前对汉语空语类的研究现状来看，广义的空语类可以是语言中的各种空成分，如李艳惠（2008）把以下三种语言现象均称为空语类：（i）通过关系化、特指疑问句以及被动化等移位生成的语迹；（ii）空代词（包括 PRO 和 pro）；（iii）在省略或删除结构中出现的空成分。

狭义的空语类仅指上述的（i）和（ii）。如 Huang（1982）认为汉语的空语类可以区分为 NP 语迹、变量和空代词三种，其中 NP 语迹和变量一起相当于上述李艳惠所概括的第一类：被动化的结果产生 NP 语迹，而关系化和特指疑问句疑问词移位的结果产生变量。陆俭明、沈阳（2004）把汉语的空语类从生成的角度区分为“省略型空语类”“移位型空语类”和“隐含型空语类”。尽管

① 括号外的星号表示该成分若不出现句子则不合格，括号内的星号表示该成分若出现则句子不合格，全书同。

Huang（1982）和陆、沈（2004）对汉语空语类的两种区分方法不同，但二者的外延（除了空宾语之外）有相同之处。具体来讲，后者所定义的“移位型空语类”大致包括前者所定义的NP语迹和变量，而前者所定义的“空代词”大致包括后者所定义的“省略型空语类”中的空主语和“隐含型空语类”。对于汉语的空宾语，Huang（1982）认为它是变量；而陆、沈则把它包含在“省略型空语类”之中。

实际上，对于汉语空宾语的研究目前仍没有一致看法。主要观点有以下几种：Huang（1982，1984，1987，1989）认为它是变量；Xu（1986）及徐烈炯（1989，1994）认为它是自由空语类（free empty category）；韩景泉（1997）认为移位造成的空宾语是变量，其他情况的空宾语属于话语省略；李艳惠（2008）认为它是一种“空而又空”的真空位。这些研究成果对汉语空宾语的研究起到了很大的推动作用，并且研究的细致深入达到了前所未有的程度。综合以上关于汉语空宾语的研究成果，我们认为可以肯定的有以下两点：（1）汉语的空宾语很难归入乔姆斯基所定义的四种空语类中的某一种；（2）汉语空宾语及其他类型的空语类的解读明显受到语用的限制和影响。

沈阳（1994）及陆俭明、沈阳（2004）对汉语空语类的分类方法侧重对汉语主语位置和宾语位置上空成分的整体描写，既借鉴了现有的理论成果（如将移位产生的空语类包括进来），又继承了传统的语法分析方法（如将能否“补出来”作为一个判断的标准）。下面我们参照生成语法的研究成果，来分析陆、沈二位先生所区别和定义的汉语中的三类空语类。

一 移位型空语类

顾名思义，移位型空语类是指由句法移位产生的名词性空位。陆俭明、沈阳（2004）将这类空语类的特点概括为：“应该在主语宾语位置出现的名词性短语没有在其位置上出现，而是移位到了句子中其他位置，而且这个位置上不能再补出相同的有形词语。”这些移位后留下的空语类在形式语法中被称作语迹（trace），用字母 t 来表示。此类空语类如（相同下标表示相同所指，与 t 同指的短语是 t 的先行语）：

（27）苹果$_i$被虫子咬了 t_i。

（28）羊肉$_i$我不爱吃 t_i。

（29）那几件衣服$_i$他洗了 t_i。（陆俭明、沈阳，2004：153）①

（30）他把那几件衣服$_i$洗了 t_i。（同上）

（31）我在书店看到过你买 t_i 的这本书$_i$。

在生成语法中，根据这类空语类在指称特点上的差异及移位成分所到达的句法位置又把它区分为两种类型：NP－语迹和 Wh－语迹②，前者是被动化的结果，如（27）；后者是话题化和关系化的结果，如（28）—（31），在英语中，变量还包括疑问句生成过程中产生的空位，如：

（32）What$_i$ do you eat t_i?

但（32）这种类型的空语类在汉语中是不存在的，因为汉语的疑问句在形成过程中不发生疑问词的移位。

无论是 NP－语迹还是 Wh－语迹，都是一定的句子结构在生

① 为了便于陈述，（29）和（30）的下标与陆、沈原文略有不同。

② 在生成语法的管约论中，语迹被区分为 NP－语迹和变量。前者移位的落脚点（landing site）是论元位置，后者的落脚点是非论元位置；前者受到论元的约束，后者不受论元约束。

成过程中发生了移位后形成的，因此，我们认为将此类空语类统称为移位型空语类在一定程度上可以概括其整体特征。但正如陆、沈二位先生所指出的，移位型空语类内部仍然存在差别，那就是移出去的成分有的可以回到原位，如（28）和（29）；有的受到句法结构的限制不能再回到原位，如（27）和（30）—（32）。

二　省略型空语类

主语位置上的省略型空语类相当于生成语法中的脱落代词，它是指限定性句子中主语位置上空缺的代词，汉语也称零形代词。形态丰富的语言（如意大利语）和没有形态变化的语言（如汉语）均有这种现象，该现象被称为代词脱落（pro－drop），用字母“e”表示。如：

（33）小王$_i$说 $e_{i/j}$来过了。

（34）他养了一只小狗$_i$，e_i长得非常可爱。

其他语言的例子，如（意大利语）：

（35）Gianni$_i$ he detto che $e_{i/k}$ ha telefonato.
Giann$_i$ has said that $e_{i/k}$ has telephoned.
（吉妮$_i$说 $e_{i/k}$打过电话。）

并非所有的语言都允许代词脱落，在生成语法的原则参数理论框架下，“代词脱落”被认为是不同语言类型的一个重要参数，依据该参数可以把世界上的语言区分为允许代词脱落的语言和不允许代词脱落的语言。汉语和意大利语属于前者，英语属于后者。但汉语的情况与意大利语并不完全相同，主要区别在于汉语缺乏形态标记，很难根据词汇的表面特征判断一个简单句中的空主语的所指；意大利语则具有丰富的形态标记，可以根据动词所附带的形态特征判断空主语的所指。

此外，脱落代词的定义是建立在限定性句子的基础上的，而限定性则是以动词的曲折变化为依据的。汉语缺乏动词的曲折变化，相应的句子也没有明确的限定性和非限定性的区别，因此对于脱落代词的界定和区分需要采用其他的办法。

陆俭明、沈阳（2004）把下面像（36）和（37）这样的单句中主语和宾语位置上的空代词称为省略型空语类，并指出这类空语类的特点是："本来应该出现名词性短语 NP 但实际上没有出现，并且也没有在结构内其他位置出现，但相关词语可能进入这个位置，即可以'补出来'。"也就是说，这样的空语类在句法上是完全自由的。

（36）他洗了 e。（陆俭明、沈阳，2004：152）

（37）e 洗了 e。（同上）

可以看到，陆、沈（2004）所定义的省略型空语类与生成语法中的 pro 不完全是一回事，主要的区别在于前者包括了空宾语，后者仅指主语位置上的空位。

如前所述，对于汉语主语位置和宾语位置上的空语类究竟是不是同一类型的空语类，存在不同看法。Xu（1986）认为汉语中只有"自由空语类"，它可以出现在任何句法位置，语境信息决定其解读。而 Huang（1982，1984，1987，1989）以及李艳惠（2008）则把空宾语和空主语区别对待，认为二者分属两种不同的空语类，原因是它们在句法分布及指称上不对称。具体来讲，空主语受到广义控制原则（generalized control rule，简称 GCR，详见第六章第一节的注释。）的控制。该原则要求一个空代词通过最近的 C 统制（C-command）的名词短语来得到正确的识别，换言之，空主语必须与距离它最近的名词性短语同指。李艳惠（2008）进一步指出，空宾语不受 GCR 限制，否则它会与约束原则 B 相矛盾，因为前者规定它必须与同句的主语同标，而后者则规定它在句内自由。但空宾语也不是变量，因为它可以与主句的主语同标，而变量则是自由的，不能与论元同标（约束原则 C），因而空宾语是真正的“空而又空”的空位置，赋予其意义的方法是寻找语境中最为显著的词语（通常是话题）。

但我们注意到，主语位置上的空代词也未必遵守 GCR，它可以和距离较远的名词短语同指，举例如下：

（38）他$_i$问我$_j$ e_i可不可以借我的自行车用一下。

（39）他$_i$看见了两个同事$_j$，但 e_i没来得及跟他们说话。

根据 GCR，（38）中的空主语应该与主句宾语“我”同指，而（39）中的空主语应该与前一分句中的“两个同事”同指，但实际上并非如此。

因此，在没有足够的证据表明主语位置和宾语位置的空代词在指称上存在对立性的差异之前，我们赞同陆俭明、沈阳（2004）的处理办法，把处在主语和宾语位置上的可以“补出来”的空语类统称为省略型空语类。

三 隐含型空语类

隐含型空语类相当于生成语法研究中的隐含代词 PRO，[①] 它指的是非限定性从句中基础生成的处于主语位置上的空位代词。由

① 在英语中，可以带含有隐含代词的非限定性小句作补足语的动词被称为控制动词（control verb），PRO 的产生与控制动词的选择限制有关，汉语是否有 PRO 和 pro 的差别也同样存在争议。有兴趣的读者可以参看 Huang（1982，1984，1987，1989 等）以及 Xu（1986，1990）和徐烈炯（1994）等。

于汉语不容易对句子进行非限定性与限定性的区分，陆、沈二位先生采用了“永远无法补出”这样的变通标准来界定汉语的隐含代词（二位称之为隐含P），并指出其特点是：“应该出现在主语位置和宾语位置的NP没有出现，且这个词语原来的位置上永远不能补出来相应的有形词语。”沿用陆、沈的办法，用字母“P”来表示这类空语类，例如：

（40）那个孩子$_i$试图［P_i跳得更高］。

（41）妈妈$_i$答应小强［P_i给他买那辆自行车］。

（42）他$_i$期待［P_i尽快跟她见面］。

（43）他$_i$打算［P_i洗那几件衣服］。（陆俭明、沈阳，2004：153）

（44）父母叮嘱他$_i$［P_i洗那几件衣服］。（同上）

（45）他命令我$_i$［P_i叫老王来］。

（46）［P_i写一本这样的书］真是一个奇怪的想法。

方括号中的部分是内嵌的小句。在英语中，隐含型空语类均出现在主语位置，且有受控制型与不受控制型两种情况，前者所指受到主句主语或宾语的控制，并与其同指；后者所指是任意的，不受任何成分的控制。

以上例句说明，汉语的隐含代词与英语具有相似之处，即：它既可以受主句主语控制［如（38）—（41）］，也可以受主句宾语控制［如（42）、（43）］，同时也可以不受任何控制［如（46）］。

此外，在英语中，显性名词短语和隐含代词处于互补分布，即显性名词短语作主语的句法环境内不可能出现隐含代词。如：

（47）For John to buy this book would be surprising.

（48）　* For PRO to buy this book would be surprising.

这说明隐含代词具有句法强制性。对于（47）和（48）的差异，通常的解释是：隐含代词与格位指派有关，显性名词短语必须有格位，而隐含代词不可以有格位。汉语尽管没有显性格位，但隐含代词和显性名词短语同样呈现出互补性分布，具体表现就是能够出现隐含代词的位置上不能出现任何显性名词短语。这其实也就是陆、沈（2004）以“永远不能补出”来定义隐含型空语类的原因。

四　省略型空语类与隐含型空语类的区别

省略型空语类与隐含型空语类都属于空代词，大致相当于生成语法中的 pro 和 PRO，李艳惠（2008）用 Pro 来同时指代这两种空代词，说明二者的句法特征有相同之处。但二者的区别也很明显。简单地讲，省略型空语类可以补出来，隐含型空语类则无法补出。或者说，前者可以有相应的显性形式，后者没有。以前文的（33）、（34）、（36）—（39）为例，与之具有显性对应形式的句子依次如下：

（49）小王$_i$说他$_{i/j}$来过了。

（50）他$_i$养了一只小狗$_j$，它$_j$长得非常可爱。

（51）他洗了那些衣服。

（52）他洗了那些碗。

（53）他$_i$问我$_j$他$_i$可不可以借我的自行车用一下。

（54）他$_i$看见了两个同事$_j$，但他$_i$没来得及跟他们说话。

以上（51）和（52）的具体所指决定于语境，这里只是一种可能的添补。其他各句则可以在全句之内或者上下文找到与其同指的成分。

而隐含型空语类却没有相应的显性代词形式，如果把前面（40）—（46）中的空语类都换成显性形式，得到的都是不合法的句子：

（55）＊那个孩子$_i$试图［他$_i$跳得更高］。
（56）＊妈妈$_i$答应小强［她$_i$给他买那辆自行车］。
（57）＊他$_i$期待［他$_i$尽快跟她见面］。
（58）＊他$_i$打算［他$_i$洗那几件衣服］。
（59）＊父母叮嘱他$_i$［他$_i$洗那几件衣服］。
（60）＊他命令我$_i$［我$_i$叫老王来］。
（61）＊［他$_i$写一本这样的书］真是一个奇怪的想法。

我们不妨把以上关于省略型空语类与隐含型空语类的不同作为进一步判断不同类型空语类的依据，从而可以解释一些有意思的语言现象。如有学者（胡晓灵，1987：17）注意到下列句子的不同：

（62）a. ＊他$_i$一进门，李四$_i$就叫了。
　　　b. e_i一进门，李四$_i$就叫了。

胡晓灵（1987）没有区分（62b）中的空语类属于哪一种类型，但（62a）和（62b）的对立说明，尽管（62b）中的空代词和后面小句的主语“李四”同指，但它却不可以有相应的显性代词形式；在（62a）中，相应的空代词位置上出现了显性代词“他”，其所指也一定不能和它后面小句的有定名词主语“李四”相同。这说明（62b）中的空语类是隐含型空语类，而非省略型空语类。

五　省略型空语类的特殊性

以上三种类型的空语类可以大致概括汉语中处在论元位置上的空位，但问题还远未得到解决。尽管在一般情况下省略型空语类可以补出，但其所指却往往要依赖语境获得。具体到语篇中，由于同时受到语义和语用的影响，如何清楚识别一个省略型空语类的所指有时会很复杂，如：

(63) 这时，李娅娜$_j$见她妈妈$_i$气势汹汹地冲上去，1e_i要和干小叶冲突，2e_j急忙拦住3e_i，4e_j厉声喝道："妈，这里没你的事，你少插嘴！"①

(63) 中有四个空代词（前面以序号表示），对于一个说汉语的人来说，这四个空代词的所指及其与前文的照应关系，可以毫不费力地识别出来，但如何描写这一识别过程并非易事。因为单纯的句子语法（sentence grammer）已经难以对此做出描写和解释，这需要有超越句子的语篇语法或者语用来做出解释。形式语用学中的话语表达理论（discourse representation theory，DRT）（Kamp，1981）和文档变换语义学（file change semantics，FCS）（Heim，1982），正是为了处理有定名词短语（包括代词及其各种不同用法）和无定名词短语在语境中的照应关系而提出的两种比较相似的理论。这两种理论为名词短语（包括代词）提供了形式化的具体办法来预测话语中名词及代词之间可能的照应范围。可以说，如何解决超越句式语法之外的语言问题，是当代形式语言学理论努力的方向之一。

因此，无论是从经验上还是理论上来讲，对汉语省略型空语

① 例句来自方小燕（1984：82），句中空语类及其下标与原文不完全相同。

类的研究都不可避免地要涉及语用及语篇的研究，甚至可以说，要想把汉语省略型空语类的隐现规律及其具体解读研究清楚，最终还是要把它置于语境和语用之中。正如（李艳惠，2008：215）所言："空位置的分布是受制于句法规则，但它的解释受到语境语用的影响。句法与语境语用是息息相关的。"当然这并不意味着句法研究对汉语空代词研究无能为力，因为无论是在句法平面还是在语用平面的研究中，空代词必须遵守空语类原则（empty category principle）①，即空语类必须得到识别。换言之，一个合格的空语类必须通过句法（或者语用的信息）得到识别，违反了该限制条件的空语类必然是不合法的空语类。比较而言，对于隐含型空语类这样的受句法制约的空语类，则完全可以从句法上得到解释，无须依赖语境。

此外，汉语省略型空语类与意大利语中的脱落代词 pro 在其所指的识别上存在根本不同，前者需要通过句法环境和语用环境来识别，后者则需要借助谓语动词在形态上的一致特征来识别。作为语言参数之一，代词脱落参数也称为空主语参数（null subject prameter）。可见 pro 与主语位置有关，而不涉及空宾语的情况。但汉语的省略型空语类尽管在指称上也存在主语和宾语的不对称，但在下面这样的对话中，很难说乙说的话中空缺的主语 e_1 和宾语 e_2 是不同性质的空语类：

（64）甲：你看过这本书吗？

① 空语类原则（简称 ECP），即：所有的非显性成分必须是可识别的（non - overt elements must be identified）。对英语这样具有非限定动词形式的语言来讲，PRO 通过其控制语（controller）得到识别，在没有控制语的情况下，它会得到一个默认的任意解读。意大利语的 pro 通过丰富的一致性特征得到识别。汉语的隐含代词与英语 PRO 基本一致，但汉语的省略型空代词与意大利语的 pro 表现不同，后者需要通过谓语动词的一致性特征来识别，前者需要语境信息来识别。就这一点来看，把汉语的省略型空代词看作是一种省略更合适。

乙：[e_1] 看过 [e_2]。

因此，至少在汉语中，把以上主语位置和宾语位置上的空语类 e_1 和 e_2 看作是一类省略型的空语类是有其合理之处的。

既然以上三种类型的空语类都被称为“空语类”，它们必定有共同之处，那就是：（1）这些空语类都是名词性的；（2）无论是基础生成（省略型空语类和隐含型空语类）还是由移位产生（移位型空语类），空语类必须遵循空语类原则。

第四节　省略与空语类

从音义之间的关系来看，空语类和省略一样，都是只有语义内容但没有语音形式的空成分。李艳惠（2008）把省略看作是空语类的一种；陆俭明、沈阳（2004）所定义的汉语中的“省略型空语类”，说明有些类型的空语类具有省略的特征；Lobke（2010：23）指出“对省略的研究有助于我们全面认识空语类”，同样说明了空语类和省略之间的密切关系。

我们之所以将省略与空语类区别开来，是为了更全面地认识这些音义不匹配的语言现象的本质。从句法特点上看，省略和空语类至少在以下几个方面是不同的：

首先，空语类与特定的句子结构相关，与语境无关；而省略则依赖于语境（包括上下文语境和谈话语境）。

空语类的建立是为了维护句法结构和意义解释的一致性，对非移位型的空语类（如前文的隐含型空语类）而言，建立空语类的概念可以维护句子结构的系统性。如：

（65）我打算 e 邀请他。

动词“邀请”的论元结构要求该动词前面还应该有一个承担施事角色的域外论元，空语类 e 说明该论元位置是存在的，只是没有语音形式，这样做的好处是维护了“邀请”这样的及物动词在句法结构上的系统性和完整性。

对移位型的空语类而言，空语类的概念为移位之前的句子和移位之后的句子之间建立了意义上的联系，如（66）的 a 句和 b 句在意义上的联系正是通过语迹 t 建立起来的：

（66）a. 我已经洗完了那些衣服。

b. 那些衣服$_i$，我已经洗完了 t_i。

正因为空语类具有句法上的强制性，因此（65）和（66）中的空语类均可以借助先行语在句内得到识别，与此不同，省略句（67）需要语境信息才能得到清楚解读，否则其意义是不完整的：

（67）李四也会［ ］。

（68）为（67）提供了合适的上下文语境，使得（67）的意义可以获得完整的解释：

（68）张三会很快作出决定，李四也会［ ］。

其次，省略的句子成分可以通过复制其先行语恢复语音形式，换言之，省略的成分可以补出来；空语类（省略型空语类除外）则没有显性的对应形式，即无法补出。比较：

（69）张三会很快作出决定，李四也会（很快作出决定）。

（70）那些衣服，我已经洗完了（＊那些衣服）。

（71）我打算（＊我）邀请他。

（69）的第二分句是省略句，其中省略的部分可以借助其先行语得到重建，对于说汉语的人来说，（69）尽管显得啰唆，但仍然是一个可接受的句子；相比之下，虽然（70）和（71）中的空语类可以分别通过其先行语和控制语得到识别，但却只能以语音空缺的形式出现。

再次，从句子生成的角度来看，语迹由移位生成，隐含代词由基础生成；而对于省略成分是否基础生成则存在不同解释。一种观点认为：省略句式是基础生成的完整句式，但在一定的句法条件下，到了语音层面将某些成分删略，造成了语音上的空缺，从而形成了语音缺省但句法完整的特殊句式；另一种观点则认为省略成分在基础生成时就是一个带有［＋E］特征的位置，该特征允许这一位置上不需要填入任何有形的词项，即省略由基础生成。根据第一种观点，省略是由语音层面的操作造成的语音缺失，这与空语类的生成过程不同；根据第二种观点，省略与某些空语类在基础生成时有相似之处，但与空语类相比，省略与先行语之间是等同关系，而空语类与先行语之间是控制关系（如隐含代词）或者约束关系（如语迹）。

最后，空代词和论元位置上的空语类都是名词性的，即都带有［＋N］特征，而省略的成分可能是名词性成分，如 N－删略（N－deletion）；也可能是动词核心语（如汉语的空动词句和英语的动词空缺句）或者动词短语（如动词短语省略）；还可能是一个完整的句子（如截省句）。

小　　结

作为一种普遍存在的语言现象，省略的特殊之处在于它是一种有意义但无语音形式的空成分。经验和理论上的证据都可以证明省略的存在。语言中的空成分除了省略之外，研究较多的还有空语类。

空语类与省略的不同之处在于：首先，空语类主要受句法条件制约；而省略除了受到句法条件制约之外，还受语境因素的制约。其次，省略的成分通常可以通过它的先行语进行句法重建；空语类（除了省略型空语类之外）通常无法重建。再次，空语类和省略的生成过程不同。最后，空语类都是名词性的；而省略成分则可以是名词性的，也可以是动词性的，还可以是时态小句。

第二章

常见省略句式及其解释途径

为了对语言中的省略现象有一个全面的认识，并为下文进一步的论述提供基础，本章首先列举生成语法文献中常见的11种省略句式，然后介绍生成语法对省略句式的一般解释途径。

尽管省略是一种普遍存在的现象，但具体到某一种省略句式，不同的语言可能会有不同的表现。本章介绍的这些句式，有的存在于汉语中，但其他语言可能没有；也有的在汉语中不存在，但存在于其他语言中。为了能涵盖自然语言中存在的各种省略现象，我们同时采用汉语和英语两种语言的语料来进行介绍，对汉语中有而英语中没有的省略句式选用汉语语料，对英语中有而汉语中没有的省略句式选用英语语料，两种语言都有的则分别举例。

第一节　语言中常见的省略句式

（一）动词短语省略（VP - ellipsis）

动词短语省略可以说是各种省略句式中研究最为广泛和深入的一种。其主要特征是，被省略的部分是一个动词短语（包括动词及其宾语——如果有宾语的话）。汉语和英语都有这种省略句式（尽管存在一定的差异），如：

（1）张三会参加今天的晚会，李四也会［ ］。

（2）张三这个周末没有外出，李四也是［ ］。

（3）John likes movies，but Bill doesn't［ ］.（Chao，1987：2）

（约翰喜欢电影，但是比尔不［ ］。）

（二）截省句（Sluicing）

截省句也称IP省略，这是因为被省略的部分通常被认为是一个完整的小句。具体来讲，它是指在一定的语境下，充当宾语从句或主语从句的特殊疑问句中除了疑问词之外的其他成分得以省略的现象。如：

（4）王教授最近会来讲学，但不知道哪一天［ ］。

（5）那个孩子一直哭，但连他的父母也不知道为什么［ ］。

（6）Somebody called—guess who［ ］!

（有人打电话了——猜猜谁［ ］!）

（三）动词空缺句（Verb gapping）

动词空缺句是指一个句子的主要动词空缺的现象，由于这种省略句中被省略的动词（也可能包括助动词）前后均有其他成分，故而被形象地称为缺口句（可以想象成一颗缺掉的牙齿）。动词空缺句在英语中大量存在，在汉语中却明显受限，后文我们还会进行详细讨论。如：

（7）John likes movies，and Bill［ ］concerts.（Chao，1987：15）

（约翰喜欢电影，比尔［ ］音乐会。）

（8）John wirtes poetry in the garden，and Max [ ] in the bathroom.（Jackendoff，1971：24）

（约翰在花园里写诗，麦克斯在浴室里 [ ]。）

（9）? 姐姐买了一个黄色的杯子，弟弟 [ ] 一个蓝色的。

（四）准动词空缺句（Pseudo - gapping）

准动词空缺句与动词空缺句的区别是前者保留了动词前面的助动词，而后者将助动词与动词一并省略。这一差别使得准动词空缺句在一定程度上更接近于动词短语省略，因此也有学者（如：Lasnik，1999，2005；Johnson，2007）认为准动词空缺句是一种动词短语省略。就英汉两种语言而言，准动词空缺句仅在英语中存在。如：

（10）If you don't believe me，you will [ ] the weatherman.

（如果你不相信我，你会 [ ] 气象员。）

（11）I rolled up a newspaper，and Lynn did [ ] a magazine.

（我卷了一份报纸，林因 [ ] 一份杂志。）

（12）Kathy likes astronomy，but she doesn't [ ] meteorology.

（凯特喜欢天文学，但是她不 [ ] 气象学。）

（例句（10）—（12）引自 Li，2005）

（五）名词中心语省略（N - deletion）

顾名思义，此类省略句式是指名词性短语（DP）中做补足语的名词被省略的现象。这种省略现象在英汉两种语言中都很常见，如：

（13）书架上摆放着很多作家的作品，但我只读过余华的［ ］。

（14）跟那款车相比，这款［ ］的外观更漂亮。

（15）那些衣服都不怎么好看，我一件［ ］也没买。

（16）John can play five instruments，and Mary can play six［ ］.（Merchant，2006：1）

（约翰会弹奏五种乐器，玛丽会弹奏六种［ ］。）

（六）剥离/光杆论元式省略（Stripping/Bare argument ellipsis）

剥离结构最早由 Ross（1967）提出，Hankamer 和 Sag（1976）把这种句型的特点作了如下描述：除了某个名词之外，与前一个小句中等同的部分全部省略。汉语中没有剥离结构，但这类结构在英语中比较常见，如：

（17）John gave chocolate to Mary，and Bill［ ］too.

（约翰给了玛丽巧克力，比尔也［ ］。）

（18）John gave chocolate to Mary，and［ ］flowers［ ］too.

（约翰给了玛丽巧克力，［ ］花［ ］也。）

（19）John gave chocolate to Mary，but not［ ］to Bill.

（约翰给了玛丽巧克力，但是没有［ ］给比尔。）

（例句（17）—（19）引自 Lappin，1996：142）

（七）疑问式省略

疑问式省略是指在正反问句或者选择问句中两个并列的成分之一被省略的现象。汉语的正反问句可以看作选择问句的一种特殊形式，即针对主要动词的肯定和否定形式进行选择。汉语和英语中都有此类省略现象，如：

(20) 你喜欢 [　] 不喜欢这部电影？

(21) 你喜欢这部电影不喜欢 [　]？

(22) 你喜欢这部电影不 [　]？

(23) 你喝茶还是 [　] 咖啡？

(24) Are you coming or not [　]?
(你来不 [　]?)

(25) Are you coming or aren't you [　]?
(你来还是你不 [　]?)

(26) Are you [　] or aren't you coming?
(你 [　] 还是你不来?)

尽管汉英都有疑问式删略现象，但稍作观察就会发现，两种语言的具体表现可谓同中有异：相同之处是，都可以自由省略第一选择项或者第二选择项中的成分，如汉语例句（20）和（21）以及英语例句（25）和（26）都是合乎语法的疑问句；此外，都可以省略并列项中重复的动词，如（22）和（24）—（26）。但区别也很明显：汉语的疑问选择项中主语只能是隐含形式（除非被选择的部分本身就是小句的主语），而英语的疑问选择项中的主语则必须是显性的，这一点似乎体现了汉语和英语在空主语参数上的差异。

（八）比较式省略（Comparative ellipsis）

比较式省略是指在比较句式中相比较的两项中等同的部分被省略的现象，比较式省略在汉语和英语中都很常见。尽管汉英比较句式存在明显差异，但将句子中重复的部分省略却具有共性，这一点也可以说是语言经济性的一致体现。比较句中是否存在省略并无一致看法，我们支持比较句中存在省略成分，主要依据是，以下例句的空格处都可以根据先行语补出完整的内容（详见汉语各例句之后的说明），如：

（27）小张写字写得比小王［ ］好。（省略了“写字写得”）

（28）小张［ ］比小王写字写得好。（省略了“写字写得”）

（29）小张的字写得比小王的字［ ］好。（省略了“写得”）

（30）小张的字［ ］比小王的字写得好。（省略了“写得”）

（31）小王跑得没有小张［ ］快。（省略了“跑得”）

（32）小王［ ］没有小张跑得快。（省略了“跑得”）

（33）John can play the piano better than Bill ［ ］.（Merchant，2006：2）

（约翰弹钢琴比比尔［ ］好。）

（34）Roy ate more strawberries than Jane did ［ ］.（Lobke，2010：33）

（罗伊比珍妮［ ］吃的草莓更多。）

（35）They have to fear more from us than we ［ ］ from them.（Lobke，2010：33）

（他们害怕我们比我们［ ］他们更多。）

（36）I no more could have stolen that steak than Jack ［ ］ the diamonds.（Jackendoff，1971：22）

（我偷的牛排肯定没有杰克［ ］钻石多。）

（九）并列缩减结构（Conjunction reduction）

并列缩减结构是指两个并列的小句的左侧或者右侧成分被删

除的结构。汉语和英语都有此类结构，一个明显的不同是：汉语一般仅允许第二并列小句的左侧删除，如（37）和（38）；英语则既允许第二并列小句的左侧删除［如（39）］，也允许第一并列小句的右侧删除［如（40）］。①

（37）张三送李四一本书，［　］赵英一束花。

（38）那个小偷偷走了李四一台电脑，［　］张三一部手机。

（39）Roy will buy strawberries and［　］serve them with cream.（Lobke，2010：42）

（罗伊会买草莓并［　］用奶油一起招待客人。）

（40）Mary is believed to be［　］and Sue definitely is（，）Pregnant.（第一分句右端删除）（Jackendoff，1971：21）

（玛丽据说［　］，而苏一定是怀孕了。）

并列缩减结构往往被看作是非省略结构，而且是并列的短语共同充当某个句子成分，如认为（37）中的“李四一本书，赵英一束花”是两个并列的名词性短语，一起充当动词“送”的补足语；同样地，英文例句（39）中“buy strawberries and serve them with cream”是动词短语的并列，一起充当助动词 will 的补足语。但这一看法面临的问题是，这些并列的短语往往并非通常意义上的句子成分，如“李四一本书”“赵英一束花”“Mary is believed to be”“Sue definitely is”等。

（十）空动词句（Empty verb sentences）

在一定的语境下，汉语会将句子的主要动词省略，如（41）

① （37）、（38）和（39）这样的结构也称为左边界删略（Left Peraphery Deletion）。

和（42），Tang（2001）把汉语中的这类没有动词中心语的句子称作空动词句。（41）和（42）分别包含两个空动词句，这是因为空动词句倾向于以对举的格式出现。

（41）公司开会布置完出差的任务后，三个同事见面，其中一个问另外两个将去哪里出差，一个人回答：他［ ］广州，我［ ］深圳。

（42）在电梯里，电梯工作服务员问两位乘坐电梯的人去几楼，其中一个人回答：我［ ］五楼，他［ ］七楼。

仅就英汉两种语言而言，空动词句只出现在汉语中，这可能是因为空动词句明显地依赖于语用/语境信息。换言之，空动词句受语用控制，而英语的省略句主要受句法控制。关于汉语的空动词句，本书第三章还会详细讨论。

（十一）片段答语/片语（Fragment answers）

片语是在疑问或者在质疑的语境下采用的省略式回答形式。如：

（43）A：你最喜欢什么乐器？
B：小提琴。

（44）A：你认识那个坐在角落里的人吗？
B：认识。

（45）Abby和Ben在一个聚会上，Abby问Ben他们两个人共同的朋友Beth将要约会谁。Abby问：“Beth要带谁来？”Ben回答：“Alex。”

（46）Abby看见了一个不熟悉的人和Beth在一起，所以她不解地望着Ben，Ben说："她在公园里遇到的一个人。"

（47）Abby和Ben争论一家新开张的店铺里的商品的产地，Ben坚持认为那个商店只销售德国产品，Abby不以为然。为了结束这场争论，他们一起走进这家商店。Ben拿起一个台灯，并且去看底部的标签，只见上面写着：Lampenwell GmbH，Stuttgart。他于是把台灯拿到Abby的面前，骄傲地对她说："来自德国！看，我说的！"

（例句（45）—（47）译自Merchant，2004：661，原文是英文）

第二节 零句

除了以上提到的省略句式，人们还会在口语或者一些特殊场合中使用许多结构不完整的句子，这些句子就是赵元任（1979：42）所说的"零句"。如（48）中的各句：

（48）a. 对！
b. 行。
c. 讨厌！

赵元任先生认为（48a）、（48b）和（48c）这样的零句是动词性的词语作陈述句，它们是"自足"的。因为这些句子可以补出不止一种形式的主语，而且有时候补不出主语。既然是"自足"的，就不能说这些句子是省略句。

除了类似（48）这样的动词词语作陈述句的情况，还有祈使句和问句，如：

（49）a. 走吧！
b. 怎么啦？
c. 行吗？
d. 谁呀？

还有一种唤醒人们注意的名词性零句，如：

（50）a. 车！
b. 开水！

称呼语和标题也都是零句，如：

（51）a. 妈！
b. 小李！
c. 我的父亲母亲
d. 红楼梦

除了赵元任先生提到的这些零句，还有一些常见的语境或者场景，也会出现这些零句形式，如（52）中所列举的路标、天气预报、广告词、标签、简短评价、固定短语等：

（52）a. 五道口华联
b. 下一站，东直门。
c. 晴间多云，最高气温 28℃，最低气温 22℃，微风。
d. 香脆可口，绿色天然
e. 阿香婆
f. 太棒了！

g. 好久不见!

h. 杀鸡给猴看

此外，在一些特定场合还会出现较长的连贯的零句，如：

(53) 一名汉语教师要求学生写出对每天上课前听写生词的意见，一个美国学生写道：

A good way to practice vocabulary, good way to preview, leads to less stress before the actual test as I know. I am familiar with the words everyday: too much sometimes, 1week: 2 - 3times better.

相对应的汉语翻译（54）也都是不完整的小句：

(54) 一个练习词汇的好办法，预习的好办法，就我所知，减少真正的考试开始前的压力。(帮助) 我熟悉每天的生词：有时候太多，1 个星期 2—3 次更好。

以上谈到的这些零句虽然在句法结构上并不完整，但却是口语或者日常生活中惯用的表达格式。零句是各种语言中普遍存在的现象，对这些句子的使用和理解较少地受到具体语言语法规则的制约，较多地受到交际场景和具体语境的制约。因此，以句法结构为基础的省略研究一般不把这些句子作为研究对象。

第三节 省略的复杂性及其分类

以上我们以汉英两种语言为例列举了常见的 11 种省略句式，

事实上，语言中存在的省略句式远不止这些，作为一种普遍存在的语言现象，省略具有明显的复杂性。

这种复杂性首先表现在：同一种类型的省略，内部可能很复杂。以片语为例，尽管 Merchant（2004）认为片语省略的都是一个时态句 TP，但从句子形式上来观察会发现，片语的残余成分(remnent)[①] 可以是一个名词性成分，如（43）、（45）、（46）；也可以是动词性成分，如（44）和（47）。省略部分的先行语有时候可以在上下文找到，如（43）、（44）和（45）；有时候上下文中并没有显性的先行语，被省略成分的理解依赖于具体的谈话语境，如（46）和（47）。除了片语，疑问式删略和比较式删略也具有同样的复杂性。

其次，以上我们只是列举了汉语和英语的情况，但仍然能够发现同一类型的省略句式在英汉两种语言中存在差异，属于“同中有异”。不仅如此，通过跨语言的比较可以发现，这种同中有异的情况广泛存在于不同的语言中。以截省句为例，汉语截省句的疑问代词常常需要和“是”一起出现，丹麦一种方言的截省句疑问词需要和指示代词“da（那个）”一起出现。英语的截省句仅限于特殊疑问句，汉语和罗马尼亚语的截省句还可以是正反问句，等等。又如汉语中虽然也有动词短语省略，但与英语的动词短语省略也有一定的差异。

除了同一种省略结构的跨语言变异之外，有些省略结构在一种语言中大量存在，在另一种语言中却可能完全不存在。如动词短语省略在汉语和英语中广泛存在，在丹麦语中却不存在；空动词句在汉语中很常见，英语中却没有这样的句式；汉语中有大量的截省句，但却缺乏典型的动词空缺句和剥离句。下面的例子说明剥离这样的省略方式在英语中很自然，但相应的汉语句子却不

① 指句子经过省略之后剩下的部分。

能省略。英语例句（55a）的第二分句和第三分句中省略了“he is”，相应的汉语句子（55b）却需要“老老实实”地重复“他是”，如果像英语那样省略为（55c），句子的意义就会变得不清楚：

（55）a. By birth he was an Englishman; by profession, [ ] a sailor; by instinct and training, [ ] a rebel.（转引自熊文华，1997）

b. 就出身而言，他是英国人；就职业而言，他是海员；就天性和教育而言，他是叛逆者。

c. *就出身而言，他是英国人；就职业而言，[ ] 海员；就天性和教育而言，[ ] 叛逆者。

为了探讨各种省略结构的内在规律，语言学家们试图给这些省略句进行分类，分类的依据不同，得出的结论也不同。

Hankamer 和 Sag（1976）根据省略的成分与其先行语的不同照应关系，把省略划分为深层照应（deep anaphora）和表层照应（surface anaphora）两类。

Chao（1987）根据省略句式中是否有中心语把省略区分为有中心语的省略句（H + elliptical construction）和无中心语的省略句（H – elliptical construction）。其中，动词短语省略属于有中心语的省略句；而动词空缺句和剥离句属于无中心语的省略句。

Lobeck（1995）根据句法允准机制的不同把省略句分为两类：截省句和动词短语省略句属于一类，动词空缺句和剥离句属于另一类。Lobke（2010）进一步对这两类省略句的句式特点进行了总结，指出截省句和动词短语省略的省略位置（ellipsis site）既可以出现在并列结构中也可以出现在主从复合结构中，而动词空缺句和剥离句只在并列结构中才有可能；截省句和动词短语省略的先行语可以位于省略成分的后面或者前面，而动词空缺句和剥离句的先行语只能出现在省略成分的前面；截省句和动词短语省略的省略成分和其先行语可以处于层次不同的内嵌句中，动词空缺句和剥离句则不可以。

第四节　与省略有关的句法规则

不同类型的省略句式的生成与理解是否受到同样的句法规则的限制？这是省略研究中必须回答的一个问题。就目前的研究成果来看，形式语言学界提出的有关省略句式应该遵循的条件主要有以下四个：（1）可恢复条件（recoverbility condition），指被省略的部分必须可以在句法上得到重建，因而其意义必须是可以恢复的。（2）等同条件（identity condition/isomorphic condition），指被省略的部分与先行语在句法或者语义上等同。根据侧重的层面不同，等同条件可以区分为语义等同和句法等同。前者指省略成分与其先行语具有相同的意义（Merchant，2001）或者相同的逻辑形式（Sag，1976；Williams，1977）；后者指省略成分与其先行语在句法上等同。严格的句法等同条件要求被省略部分的词项与其先行语的词项一一对应，但这一条件会将一些合法的省略句排除在外（详见 Merchant，2001）。Merchant（2006：4）指出语义上的等同条件可以把传统的句法允准（licensing）和识别（identification）两个概念联系起来，因此具有更强的解释力。（3）平行性要求（Parallelism Requirment，PR）。平行性要求指的是被省略成分与先行语应该在句法结构上保持平行，该规则是在对省略部分进行重建时应满足的条件，它与等同条件是一脉相承的。（4）允准条件（licensing condition），即被省略的成分必须得到功能性核心语的允准。

除了以上限制条件，有的学者从焦点语义的角度对省略的限制条件进行研究，提出了省略的焦点解释条件，该条件是指省略句与其先行语所在小句之间在焦点语义上存在一定的蕴含关系［详见 Rooth（1985，1996）、Schwarzschild（1999）、Merchant（2001，2006）等］。Merchant（2001）认为省略的焦点解释条件可以看作是结构同构条件（structure isomorphism condition）或句法等同条件在语义上的驱动。

第五节　省略的解释途径

形式语言学领域内对于省略的解释有非结构途径（nonstructural approaches）和结构途径（structural approaches）之分。二者的差别在于：前者认为省略部分不存在没有语音形式的句法位置；后者认为省略部分存在没有语音形式的句法位置。

非结构途径的支持者有 Ginzburg 和 Sag（2000），Schlangen（2003），Culicover 和 Jackendoff（2005），等等。非结构途径是一种从语义的角度直接对省略的部分进行解释的途径，该途径侧重对省略部分的完整语义解释，而对于省略句式的内部句法结构不做细致的分析。（56）展示了该途径下截省句的句子结构（引自 Merchant，2006：3）：

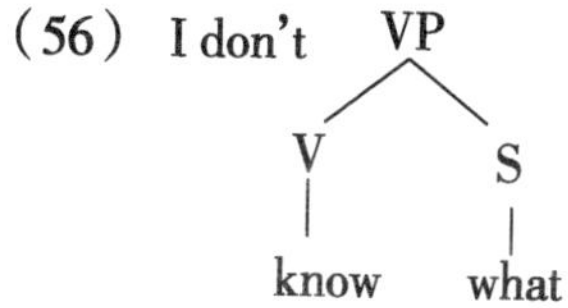

S节点的语义：Q[F(what)]

（56）中 S 节点下唯一的成分是疑问词 what，并不存在其他空位置，相应的语义解释说明这是一个带有焦点特征的疑问句。该途径大大简化了句法操作的过程，把对省略结构的解释任务主要放在了语义层面，但把疑问词作为一个句子节点 S 的唯一词项，会影响到句法结构的整体一致性。

结构途径主要是在乔姆斯基形式句法的框架下对省略现象进行的解释办法，该途径注重省略成分在句法不同层面的结构表达。总体来看，从结构途径出发对省略进行研究占主流。在这一研究思路下的具体分析方法又可分为语音形式删除法（PF - deletion approach）和逻辑式复制法（LF - copy Approach）或者空照应法（null anaphora Approach）。

下面我们主要介绍结构途径的两种方法，即语音形式删除法和语义形式复制法（下文分别简称为语音删除法和逻辑式复制法）。语音形式和语义形式是第一章中图（一）里显示的两个不同的层面，也是乔姆斯基形式句法的两个组成部分。在形式句法的统一框架下，语音删除法可以看作是句法途径①，逻辑式复制法也可以看作是语义途径（或直接解释途径）。

一 语音删除法

语音删除法假设句子在向语音层面输出时是一个包含被删除部分的完整表达式，到了语音层面才把某些句法成分删除，从而得到了语音形式空缺的省略结构。持这一观点的学者主要有：Lasnik（1999，2005）；Merchant（1998，2001，2004）；Fox & Lasnik（1999）等。这种解释途径很符合说话人编码的过程。我们以动词短语省略结构（57）为例：

① 这里的语义途径中的“语义”不等同于句子的语义，而是图（一）所示中的 LF 层面，这个层面是对句子进行语义解释的基础。

（57）张三会弹钢琴，李四也会［__］。
基础生成：张三会弹钢琴，李四也会［$_{VP}$弹钢琴］。
语音层面删除：［$_{VP}$弹钢琴］
语音输出：张三会弹钢琴，李四也会［__］。

可以看到，由于语音删除法假设向语义部分输出的是一个完整的句子，因此不必另外设定语义解释规则去解释空缺部分的意义，从而减轻了语义层面的负担。语音删除法研究的焦点是：在什么条件下一个句子成分可以被删略，即删略成分的句法允准条件是什么。

二　逻辑式复制法

逻辑式复制法的思路如下：省略结构由基础生成，即向语义层面输出的是一个包含空成分的句子，对该空成分进行解释的办法是，依据某些句法规则在语义层面重建其逻辑表达式。这种思路很符合听话人听到一个句子之后在头脑中进行解码的过程。（58）表明了逻辑式复制法的基本思路：

（58）张三会弹钢琴，李四也会。
基础生成：张二会［$_{VP}$弹钢琴］，李四也会［$_{VP}$_］。
复制先行语：［$_{VP}$弹钢琴］
语义重建：张三会弹钢琴，李四也会［$_{VP}$弹钢琴］。

严格来讲，逻辑式复制并不是一个简单的复制与重建的过程，语义层面的句法表达式与表层的句子形式也不相同。我们只是用（58）这个简单的例子来说明这一途径的基本思路，本书第五章会对逻辑式复制过程进行更细致的论述。

第六节　语音删除和逻辑式复制：孰优孰劣？

语音删除法和逻辑式复制法都有各自的解释力和局限。Chomsky（1995：128）在比较了语音删略和逻辑式复制两种方法之后指出，假设省略结构（文中指动词短语省略）在表层生成，那么就不得不继续假定它在语义层面重新运用平行性条件进行重建。因此他提出用简单的传统的语音删除方法来解释省略结构。英语的动词短语省略结构中删除的部分是比较弱的低平语调，似乎也支持语音删除的解释。但他进一步指出，看似正确的语音删除途径会同时带来很多可能需要在语音部分解决的问题，比如在语音删除的过程中，会出现曲折形式的变化，如果同时考虑否定的情况，事情就会变得更为复杂。

对于没有曲折形式变化的汉语来说，用语音删除法来解释省略现象有时也会碰到困难（截省句就是一例，详见第四章）。

就所有省略现象而言，把语义层面的操作和语音层面的操作结合起来也是一种可以考虑的处理办法。Lappin（1996）在分析了英语的几种省略结构后指出，单纯的句法删除[①]和语义重建的办法都不能解释所有的省略现象，有些省略结构需要在语音层面解释，有些要在语义层面解释。

既然任何一种解释办法都会带来难以解决的问题。对于不同的省略结构而言，具体采用哪一种办法来解释，取决于该种省略结构本身的特点。Lasnik（2005）虽然更倾向于采用语音删除的办法来解释截省结构，但也曾采用逻辑式复制的办法来对动词短语省略结构进行解释（如 Lasnik，1972）。

---

① 此处的句法删除指的是句法上的语音删除。

宽泛地讲，语音删除法可以看作是句法途径，而逻辑式复制法可以看作是语义途径。Merchant（2001）把句子的语义和句法结合在一起对多种语言的截省句进行了深入细致的探讨，最后他指出，一种建立在语义等同基础上的省略理论，不但可能而且必须与具有完整内部句法结构的省略位置结合起来。在 Merchant 的处理方法中，不同的途径实际上并不对立，通过建立不发音的（unpronounced）成分和其先行语之间在语义上的关系，就可以证明这个不发音的成分具有完整的句法结构（参见 Merchant，2001：231）。这就说明句法途径和语义途径是可以完美地结合在一起的。

因此，为了更大限度地解决问题，我们应根据语言事实所表现出来的特点来决定采用一种解释办法还是把两种办法结合起来，力求对语言现象作出更为充分的解释，而不是局限于某一种具体的解释方法。

小　结

从跨语言的角度观察，常见的省略句式至少有以下 11 种：动词短语省略、截省句、动词空缺句、准动词空缺句、名词中心语省略、剥离、疑问式省略、比较式省略、并列缩减结构（或并列式省略）、空动词句和片语。除了以上省略句式，还有些在口语或者特殊场合中出现的结构不完整的句子，传统称作“零句”。

句法省略应遵循的条件主要有以下四个：（1）可恢复条件；（2）等同条件；（3）平行性条件；（4）允准条件。其中，可恢复条件规定被省略的部分意义必须是可以恢复的；等同条件和平行性条件规定被省略的部分与其先行语应在句法语义上等同或平行；允准条件则规定被省略的成分必须得到功能性核心语的允准。此外还有省略的焦点解释条件，该条件是指省略句与其先行语所在小句之间在焦点语义上存在一定的蕴含关系，它可以看作是等同条件在语义上的驱动条件。

生成语法框架下对省略的研究主要有两种途径：语音删略途径和逻辑式复制途径。语音删略途径假设句子在向语音层面输出时是一个完整表达式，到了语音层面才把某些句法成分删除，从而生成了省略结构。逻辑式复制途径认为省略结构由基础生成，但省略中空缺部分的逻辑式可以在语义层面依据其先行语进行重建，从而达到解释的目的。

语音删略途径和逻辑式复制途径各有优劣，对于不同的省略结构而言，具体采用哪一种途径来解释更为合适，取决于该种省略结构本身的特点。

第三章

汉语省略句式的相关研究

在传统语法分析中，对汉语省略现象的研究尽管不是主流，但也从未间断。从已有的研究来看，汉语语法学界有关省略的研究所取得的成果主要有四个方面：（一）早期对省略的定义和判定标准所进行的探讨（如吕叔湘，1979；王力，1980，1985；王维贤，1985；施关淦，1994；赵世举，1999；荣晶，1989，等等）；（二）对代词省略及省略型空语类的研究（如廖秋忠，1984；高宁慧，1996；沈阳，1994；陆俭明、沈阳，2004，等等）；（三）对被省略部分的语法功能及其语义指向的研究（如方小燕，1989；沈阳，1994c；王德忠，1999，等等）；（四）有关省略研究的综述（张桂宾，1998；张天伟，2012，等等）。

采用当代句法理论对汉语省略句式的研究始于20世纪60年代末，大量的研究出现于八九十年代。早期的研究侧重从汉英对比的角度来探讨汉语省略句式与英语常见省略句式的差异，并试图给出解释；后来的研究逐渐侧重于对汉语语言事实本身的发掘与解释。在各种省略句式中，研究比较多的是动词空缺句和动词短语省略，近几年也出现了一些对空动词句和截省句的研究。总体来看，研究所关注和争论的焦点集中在以下几个问题上：

1. 汉语有没有动词空缺句？如果没有，为什么？（见 Tai，1969；Chao，1997；Tsai，1994；Wu，2002，2003；Xu，2003，等等）如果有，所受限制是什么？（见 Li，1998；Paul，1999；

Tang，2001；Ai，2004/2006；贺川生，2007；傅玉，2012，等等）

2. 汉语的动词短语省略和英语的动词短语省略有哪些相似之处和不同之处？空宾语是变量、自由空语类还是动词短语省略？（见 Huang，1989；Otani & Whitman，1991；Grace，1998；Hoji，1998；李汝亚，2008；李艳惠，2005；Xu，1986，1999，2003；韩景泉，1994；Li，2003，等等）

3. 汉语的空动词句是不是动词空缺句？如果不是，它是一种什么样的省略句？（Tang，2001；傅玉，2012；刘丽萍、韩巍峰，2015，等等）

4. 汉语截省句或其他原位疑问词语言的截省句是不是典型的动词空缺句？它是如何生成的？应如何对它进行解释？（见 Adams，2004；Adams & Tomioka，2012；Wei，2004，2011；Takiahashi，1994；Kizu，1997；Fukaya & Hoji，1999；Fukaya，2003；Wang，2002；Wei，2004；刘丽萍、方立，2009；刘丽萍，2014a，b；傅玉，2014，等等）

下面我们分别介绍动词空缺句和动词短语省略的研究成果，分析这些研究存在的不足，希望能引起更多人的研究兴趣，推进汉语各种省略句式的进一步研究。此外，我们还将重点分析对举结构中汉语空动词句的语用特点。对截省句的研究将在本书第四章详细展开。

第一节　动词空缺句

Gapping 这一术语来自于 Ross（1967），汉语翻译为缺口句。由于缺口句中缺省的成分是动词，因此也常称作动词空缺句（verb gapping）。Ross 也是第一个系统研究英语动词空缺句的语言学家，继 Ross 之后研究动词空缺句的学者主要有 Jakendoff（1971），

Johnson（1994，1996，2001，2005，2007），Merchant（2001，2006），Lasnik（1995，1999）等。典型的动词空缺句是指（1）这样的句子：

（1）John likes Mary，and Bill [ ] Susan.
（约翰喜欢玛丽，比尔 [ ] 苏珊。）

下面的句子可以说明动词空缺句的更多特征（例句来自 Jackendoff，1971：21－24）：

（2）Ivan plays Krummhorn，Boris [ ] flurgelhorn，and Schwarz [ ] bassethorn.
（爱娃吹变号，伯瑞斯 [ ] 短号，思沃茨 [ ] 猎犬号。）

（3）John has written the words，and Paul [ ] the music.
（约翰写了一些句子，保罗 [ ] 音乐。）

（4）Max sometimes beats his wife，and Ted [ ] his dog.
（马克斯有时候打他的妻子，泰德 [ ] 他的狗。）

（5）Charlie went into the bedroom at 5：30，and Lora [ ] at 5：31.
（查理 5：30 进了卧室，劳拉 5：31 [ ]。）

观察以上例句，我们可以看到动词空缺句具有如下基本特征：

第一，由两个或两个以上并列的分句[①]构成，除第一句之外，后面分句的动词空缺，且空缺的动词以第一个分句中的动词为先

① 英语中以 and，or，nor 及部分以 but 连接的并列句，详见 Jackendoff（1971：22）。

行语。

第二，被省略的动词左边附带的副词修饰语及情态助词，应与动词一起省略；被省略的动词右边附带的宾语或介词短语也可与动词一起省略。

Johnson（2001）对动词空缺句作了如下形式化概括：

> （6）在一个结构 A c B 中，c 是 and 或者 or，如果 B 中某个字符串空缺，且空缺的字符串与 A 中某个字符串等同，并且该空缺遵循非内嵌限制规则，则 A c B 是缺口结构。（Johnson，2001：7）

这一概括中提到的非内嵌限制（no embedding constraint）的具体内容如下：

> （7）假设 A 和 B 是连续或者非连续的短语，$ 是 B 中被删除的字符串，且 B 的先行语在 A 中。那么 $ 必须包含 A 和 B 中最高节点的动词。（Johnson，2001：5）

与传统上对动词空缺句特点的描写相比，Johnson（2001）的定义更为抽象和概括。此外，Johnson 认为，和其他省略句不同的是，动词空缺句只出现在并列结构中①，并且是唯一受到非内嵌限制的句式，换言之，非内嵌限制可以看作是动词空缺句的限制规则。

尽管不少研究认为动词空缺句是一种省略结构（如 Chao，1987；Li Meidu，1988；Lobeck，1999；Lasnik，1995，1997；Merchant，2001，2006，等等），但在对动词空缺句的研究中，另一种

① 有研究认为剥离结构也仅限于在并列句中出现（见 Lobke，2010）。

非省略的观点却显得更有影响力，该观点把动词空缺句看作是一种发生了动词移位的并列结构，不存在句法省略。在动词空缺句生成的过程中，动词经历了动词跨界移位（across - the - board verb movement，简称 ATB - V - movement）（见 William，1977；Johnson，1994，1996，2001，2007；Teng，2001；贺川生，2007；傅玉，2012，等等）。动词跨界移位观点认为动词空缺句由基础生成，从而排除了语音删除的可能。下面我们以 and 连接的动词空缺句的生成过程，来说明这一观点的主要思路（转引自 Tang，2001：212）：

(8)
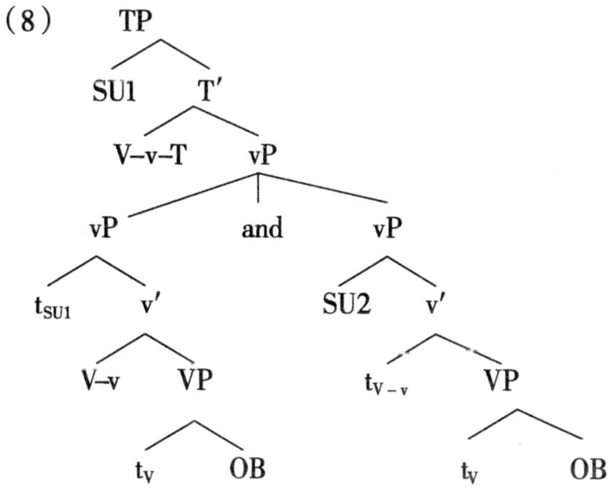

图中动词经由轻动词 v 移动到 T 节点；第一个子句的主语移动到 TP 的指示语位置，第二个子句的主语停留在原位。

一个自然的问题是，汉语中有动词空缺句吗？不少研究认为现代汉语中没有动词空缺句①。如刘丹青（2010）指出汉语特别排斥有主语宾语而省略谓语动词的句子，并从英汉对比的角度举出

① 梅广（2003）指出上古汉语中存在这类动词空缺句，如《汉书·儒林传》“霸为博士，堪（为）县令”；又如《淮南子·说林》里“为客治饭而自（治）藜藿”。（转引自刘丹青，2010）

下列三例来说明汉语的这一特点：

(9) a. I ate noodles, and he rice.

b. 我吃了面条，他 *（吃了）米饭。

(10) a. John will inverstigate a factory and Peter a high school.

b. 小张将调查一家工厂而小裴 *（将调查）一所高中。

(11) a. Mr Johnson is a famous doctor and Mrs Johnson his assistant.

b. 张先生是一位名医，张太太 *（是）他的助理。

以上例句每组句子中的英语动词空缺句都是合乎语法的，而相应的汉语句子中的动词都不可缺少。同样的差异也见于本章（1）—（5）各例。此外，Tai（1969）、Tsai（1994）、Xu（2003a）、李艳惠（2005）及贺川生（2007）也都认为汉语中没有动词空缺句。综合以上观点，我们至少可以肯定：动词空缺句在汉语中要么不存在，要么极为受限，远远没有英语中那么自由。

根据动词空缺句基础生成的观点，该句式仅出现于可能发生“动词至时态核心语移位”（V－to－T movement）的语言中。生成语法领域内已有的研究认为，现代汉语中动词不能移位至时态核心语 T 的位置（如 Cheng，1989；Tang，1990；Huang，1991，1994a，b，1997a，b；Tsai，1994，等等）。假设 Johnson 的分析正确，并且汉语动词确实不能移位至时态核心语位置，那么就可以预测汉语中不存在动词空缺句。而以上对汉语事实的初步观察也从经验上支持了 Johnson 的分析。

另一些分析则坚持汉语中存在动词空缺句，只不过受较为严格的句法条件的限制。Li（1988）认为当宾语是一个量化的名词短语（数量名结构）而不是光杆名词短语时，汉语允许句子的动词空缺，构成动词空缺句。她举的典型例句是（12）：

（12）张三吃了三个苹果，李四［　］四个橘子。（Li，1988：41）

因此，她提出汉语动词空缺句的如下过滤条件：

（13）＊N Ø N，其中 N＝光杆名词短语

以上过滤条件的意思是，充当主语和宾语的名词为光杆名词短语时，句中的动词空缺会造成不合法的句子。

Paul（1999）则指出（13）的限制条件不足以排除所有不合法的动词空缺句，她提出汉语的动词空缺句仅限于非类指动词短语（non－generic VP）；该句式中两个并列小句之间只能是并列的关系，而不能是选择关系（即用“或者”连接）；该句式只能出现在口语中，且包含动词空缺小句的残余成分（remnant）与其对应项（correspondent）之间存在严格的对比关系；此外，汉语动词空缺句的可接受性程度存在南北地域的差异。例句（14）是 Paul（1999）判断为合法的汉语动词空缺句[①]：

（14）我买了那部汽车，他［　］那辆自行车。（Paul，1999：212）

① Tang（2001）认为例句（12）和（14）只在 Paul（1999）提出的“餐馆场景”（restaurant context）下是合适的，而且只能在特定的背景下才能有合适的解读。我们曾经做过小型的调查，发现 80% 说普通话的北方人不接受（12）和（14）这样的句子，Paul（1999）也注意到对于这些句子的语感判断存在南方和北方的差异。

Tang（2001）认为以上句子中包含空缺动词的小句是一种空动词句（empty verb sentence）而非动词空缺句（关于空动词句的详细讨论可参见本章第三节）。他认为汉语中没有典型的动词空缺句，但下面句子的生成过程和典型动词空缺句类似，即都经过了动词跨界移位，可以认为是汉语的动词空缺句：

（15）老师送了张三一本书，李四一支笔。

（16）他放了一本书在桌子上，三支笔在椅子上。

（17）医生劝张三戒烟，李四戒酒。

（18）张三看过小猫一次，小狗两次。

（19）老板骂得张三很不开心，李四很不满意。

（15）—（19）是一种左边界删略（Left Periphery Deletion，见 Sag，1976）结构，即并列结构第二小句的左侧边界的部分成分被删除的结构。根据 Tang（2001）的分析，这样的结构正是汉语中的动词空缺句。

尽管多数学者认为汉语动词移位无法到达时态核心语 T 节点，但 Huang（1991）指出汉语句子中的动词可以移位至轻动词的位置，即 V－to－v 移位。基于以上观点，Tang（2001）认为，汉语也可以通过动词的跨界移位生成类似的动词空缺句，只是汉语的动词不像英语那样移至 T 的位置，而是移到了轻动词 v 的位置。所以汉语生成的是左边界删略结构，而非典型的动词空缺句。下图（20）是 Tang（2001：214）对汉语的左边界删略结构所作的分析。从图中可以看出，左边界删略结构所并列的两项是 VP［而英语动词空缺句并列的两项是 vP，见图（8）］。在（20）中，动词从两个并列的 VP 核心语 V 的位置同时移至轻动词 v 的位置：

（20）
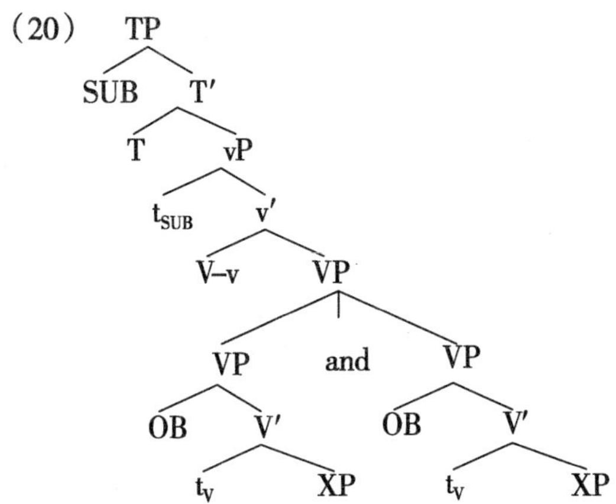

根据 Tang（2001），图（20）中 XP 可以是直接宾语、处所性介词短语、受控谓语（controlled predicates）、频度短语、结果补语小句等［可对照例句（15）—（19）］。

Tang（2001）提出汉语的左边界删略结构通过动词的跨界移位生成的主要证据是，该结构对孤岛敏感，而孤岛敏感性是测试一个句子在生成过程中是否发生移位的一个重要依据。

Ai（2004）指出汉语动词空缺句的句法特征与英语不同。因为英语的典型动词空缺句只能出现在并列句中，因此空缺的动词和其先行语均不能出现在内嵌句中，而汉语的动词空缺句却不受这一限制，如：

（21）张三一年不考进清华，你就甭提［我__北大］的事。（Ai，2004）

（22）张三考进了清华，［我__北大］自认为没问题。（同上）

（21）和（22）方括号中小句的主要动词空缺，其特征与典型动词空缺句的特征一致，但却出现在内嵌句中。

此外，Ai 认为动词跨越移位的办法不能用来解释汉语动词空缺句。理由是汉语动词空缺句表现出对孤岛不敏感的特点，这说明该句式在生成的过程中没有发生移位。如（21）中“我__北大”处于定语从句的位置，该小句中空缺的动词在生成过程中如果移位会违反复杂名词组岛（complex NP island），从而生成一个不合格的句子，但（21）是一个完全可以接受的句子，这说明在该动词空缺句生成的过程中没有发生移位。同样地，（22）的第二个分句中“我__北大”处于主语小句的位置，空缺的动词如果移位，也应该会受复杂名词组岛的限制，但（22）也是一个完全可以接受的句子。

基于以上分析，Ai（2004）认为汉语动词空缺句的生成过程独立于先行语小句，并采用“焦点移位 + 语音删除”的办法分析该句式的生成过程，即动词空缺句中残余成分的主语位于 TopicP 的指示语位置，宾语经历焦点移位到达 FocP 的指示语位置，FocP 是位于 IP 之上 TopicP 之下的节点，（21）和（22）中的汉语动词空缺句便是在语音层面将 IP 删除之后得到的，也就是说，汉语的动词空缺句是一种 IP 省略句式。

Xu（2003a）认为汉语不存在动词空缺，以上（12）和（14）这样的句子之所以被人们接受，主要是因为汉语中的数量名词短语更像一个谓词性短语。李艳惠（2005）也有类似的看法，她指出汉语的动词省略句①与英语的动词空缺句完全不同，（21）和（22）这样的句子并没有包含空缺成分，而是由名词短语充当谓语的典型主谓结构。

傅玉（2012）认为现代汉语中不存在类似英语的动词空缺句，汉语在表面上存在的动词空缺句是一种情景省略（situational ellipsis），并提出假设，把汉语中不存在典型动词空缺句归因于通用并

① 李艳惠（2005）所谈的动词省略句即类似本书例句（12）和（14）的句子。

列连词的缺失。该假设有一定的经验支持，但还应通过进一步的研究来证实其合理性。

以上我们简单介绍了有关汉语动词空缺句的主要研究成果，总体看来，认为汉语中不存在动词空缺句（或者不存在典型的动词空缺句）的观点占主流，个别支持汉语中有动词空缺句的观点，也指出该句式的合法性受到严格的句法语义限制。

第二节　动词短语省略

在生成语法框架下对汉语省略结构所作的研究中，动词短语省略（VP－ellipsis）可以说是目前为止研究最多的一种省略句式。由于这些研究主要建立在英语动词短语省略研究的基础之上，并以英语相关句式为参照，因此对于汉语中哪些句式属于动词短语省略存在分歧，争议比较多的是宾语省略的情况。

一　动词短语省略的句式特点及汉英差异

动词短语省略在英语中大量存在，早期对该语法现象的研究主要以英语为研究对象，尽管 Jackendoff（1971）不是第一个研究动词短语省略的语言学家，但他对该句式特点的描写却是目前为止最为细致的。本小节将基于 Jackendoff 对英语动词短语省略所做的描写，从英汉对比的角度探讨一下汉语动词短语省略的句式特点。

顾名思义，动词短语省略指的是句子中原本应该出现的某个动词短语在一定的句法条件下被省略的现象。如：

（23）阿芳会弹古筝，小琦不会 $[_{VP}\ e]$。

（24）张三喜欢发微信，李四也喜欢 $[_{VP}\ e]$。

上面的两个例句都是并列句，句子的第二个并列小句分别省略了动词短语“弹古筝”和“发微信”。动词短语省略通常需要得到助动词的允准，没有任何助动词的情况下，汉语动词短语省略需要添补“是”，英语则需要添补“do”，如：

（25）悠悠去科技馆了，滔滔也是［$_{VP}$ e］。

（26）John likes this book，and Bill does ［$_{VP}$ e］ too.

（约翰喜欢这本书，比尔也是）

动词短语省略多数情况下出现在并列结构中，但并不限于并列结构，也可以出现在主从复合句中，如：

（27）要是你能写一本书，我也能［$_{VP}$ e］。

英语也是如此，如：

（28）John read the paper before Bill did ［$_{VP}$ e］.（Lappin，1996：145）

（约翰在比尔［$_{VP}$ e］之前读了这篇论文。）

值得注意的是，在汉语中，动词短语省略在非并列结构中会受到一定的限制。像（25）这样的“也是”结构通常被认为是汉语中典型的动词短语省略，但“也是”结构一般仅限于出现在并列句式中。李汝亚（2008）曾指出“也是”结构不能用于嫁接小句（如关系、条件、让步、时间、地点、原因等）。“也是”结构的这一特点更像是英语的剥离（stripping）结构或动词空缺句。

在英语中，省略的动词短语可以先于先行语，但汉语的动词短语省略一般不能先于先行语。如：

（29）Anyone who can [$_{VP}$ e]（,）should show me how to wiggle my ears.

（30）*任何一个会[　]的人都应该给我表演一下怎么扇动耳朵。

（31）任何一个会扇动耳朵的人都应该给我表演一下怎么做。

与（29）相对应的汉语句子（30）不合语法，而（31）却没有问题，这似乎说明汉语的动词短语省略不能位于先行语之前。

此外，英语包含动词短语省略的小句和先行语小句的语态可以不同，但汉语在同样情况下倾向于不省略动词短语，比较：

（32）The computer can be used by anyone who wants to [$_{VP}$ e].

（33）*这台电脑可以被任何想[　]的人使用。

（34）这台电脑可以被任何想使用它的人使用。

和英语句子（32）完全对应的汉语句子（33）不合语法，但不包含动词短语省略的（34）却是合法的，这说明汉语的动词短语省略需要与其先行语在语态上保持一致。

在英语中，包含动词短语省略的小句和先行语小句不允许出现不同的副词状语，这一点汉英表现相同，如：

（35）*悠悠总是会很快地写作业，滔滔总是会仔细地[$_{VP}$ e]。

（36）*Bill must quickly eat the peaches, and Harry must slowly [$_{VP}$ e].

此外，动词短语省略可以出现在会话之中，英汉均是如此，如：

(37) A：你会吹葫芦丝吗?
B：我会 [$_{VP}$ e]。
(38) A：Can you speak Chinese?
B：Yes，I can [$_{VP}$ e].

省略的动词短语的先行语也可以没有显性的语言形式，汉英均如此，如：

(39) 你正在和朋友们玩扔飞镖的游戏，而且玩得很高兴，这时，另外一个朋友刚好路过看见了，说：我也会 [$_{VP}$ e]。(李艳惠，2005：5)

Hankamer 和 Sag（1976）把不同的照应关系区分为深层照应和表层照应，深层照应是指可以通过句法或话语照应的关系，即除了句法释义外还可以有话语的先行语；表层照应则只能是句法上的照应关系。动词短语省略与先行语之间的照应既可以是句法上的，也可以是话语上的，因此属于深层照应。

以上关于汉语和英语在动词短语省略句式上的异同可以总结如下：

a. 无论是在汉语还是英语动词短语省略句中，空缺的部分在句法上都是 VP。在没有助动词（auxiliary verb）的情况下，动词短语省略需要“do—支持”（do - support）或“是—支持”（shi - support）。

b. 英语动词短语省略句中，省略的动语短语与其先行语的线性位置可前可后，汉语则倾向于位于先行语之后。

c. 英语动词短语省略小句和先行语小句的语态可以不同，汉语则倾向于相同。

d. 汉英动词短语省略小句和先行语小句均不允许出现不同的副词。

e. 汉英动词短语省略可以发生在不同的谈话人之间，并且可以不存在具有显性语言形式的先行语。

二　动词短语省略的解读歧义

当省略的动词短语中包含代词时，句子会出现解读歧义，如(40)。这是动词短语省略最典型的语义特征，也是相应的非动词短语省略句所不具备的特征。

（40）a. Zhang San kisses his wife and Li Si does [$_{VP}$ e] too.（方立，2001：52）

（张三吻了他的妻子，李四也[$_{VP}$ e]。）

b. Zhang San$_i$ kisses his$_i$ wife and Li Si$_j$ kisses his$_i$ wife too.

c. Zhang San$_i$ kisses his$_i$ wife and Li Si$_j$ kisses his$_j$ wife too.

（40b）和（40c）分别是（40a）的两种解读，这两种解读歧义来自于被省略的代词与先行语之间不同的照应关系：（40b）中省略的代词与先行语中的代词照应，称为严格同一（strict identity），（40c）中省略的代词与该句的主语照应，称为松散同一（sloppy identity）；相对应的解读方式分别称为严格解读（strict reading）和松散解读（sloppy reading）。

Fiengo 和 May（1994）指出，只有当先行语句和省略句完全平行时，松散解读才会出现，如：

(41) a. Joe_1 likes his_1 bar, and $Sally_2$ does [$_{VP}$ e] too. (= his_2 bar)

(乔伊$_1$喜欢他的$_1$酒吧，萨琳$_2$也是 [$_{VP}$ e]。)

b. Joe_1 likes his_1 bar, and $Sally's_2$ patrons do [$_{VP}$ e] too. (≠ his_2 bar)

(乔伊$_1$喜欢他的$_1$酒吧，萨琳的$_2$顾客也是 [$_{VP}$ e]。)

(41b) 中先行语句的主语是一个光杆名词，省略句的主语是一个名词短语，二者不平行，所以 (41b) 不会产生松散解读的意义，只有严格解读的意义，也就是说萨琳的顾客喜欢的酒吧不会是萨琳的酒吧，只能是乔伊的酒吧。

Huang (1988) 指出松散解读受到局部效应 (locality effect) 的影响，如下面的例句：

(42) a. John saw his mother, and Mary knew that Bill did [$_{VP}$ e], too.

(约翰看到了他的妈妈，玛丽知道比尔也是 [$_{VP}$ e]。)

b. John saw his own mother, and Mary knew that Bill saw John's mother.

c. John saw his own mother, and Mary knew that Bill saw his own mother.

d. * John saw his own mother, and Mary knew that Bill saw her mother.

(42a) 包含 (42b) 和 (42c) 两种解读，即严格解读和松散解读。而 (42d) 被排除则是因为 Bill 看到的不可能是 Mary 的妈妈，这说明省略的动词短语的松散解读仅限于小句范围之内，这就是松散解读的局部效应。

实际上，松散解读的局部效应也可以用先行语句和省略句在结构上的不平行来解释，由于（42a）中两个并列的小句不平行，所以被省略的代词与主句主语相照应的松散解读就不存在了。

有研究发现，当省略的动词短语中既有代词又包含小句时，英语的动词省略句除了严格解读和松散解读之外，还会产生更为复杂的解读歧义，即混合解读（mixed reading）。混合解读呈现出主宾语的不对称性（详见 Ai，2006：29－30 的讨论），例如［例句来自 Li（2002）］：

（43） Max said he saw his mother；Oscar did，too.

（麦克斯说他看到了他的妈妈，奥斯卡也是。）

a. Max_1 said he_1 saw his_1 mother；$Oscar_2$ said he_1 saw his_1 mother.（严格解读）

b. Max_1 said he_1 saw his_1 mother；$Oscar_2$ said he_2 saw his_2 mother.（松散解读）

c. Max_1 said he_1 saw his_1 mother；$Oscar_2$ said he_2 saw his_1 mother.（混合解读 1）

d. * Max_1 said he_1 saw his_1 mother；$Oscar_2$ said he_1 saw his_2 mother.（混合解读 2）

（44） Max said his mother saw him；Oscar did，too.

（麦克斯说他的妈妈看到了他，奥斯卡也是。）

a. Max_1 said his_1 mother saw him_1；$Oscar_2$ said his_1 mother saw him_1.（严格解读）

b. Max_1 said his_1 mother saw him_1；$Oscar_2$ said his_2 mother saw him_2.（松散解读）

c. Max_1 said his_1 mother saw him_1；$Oscar_2$ said his_2 mother saw him_1.（混合解读 1）

d. Max_1 said his_1 mother saw him_1; $Oscar_2$ said his_1 mother saw him_2. (混合解读 2)

汉语与（43）相应的句式（45）同样无法获得混合解读 2，如：

（45）张三说他看见了他的女朋友，李四也是。

a. 张三$_1$说他$_1$看见了他$_1$的女朋友，李四$_2$也说他$_1$看见了他$_1$的女朋友。(严格解读)

b. 张三$_1$说他$_1$看见了他$_1$的女朋友，李四$_2$也说他$_2$看见了他$_2$的女朋友。(松散解读)

c. 张三$_1$说他$_1$看见了他$_1$的女朋友，李四$_2$也说他$_2$看见了他$_1$的女朋友。(混合解读 1)

d. * 张三$_1$说他$_1$看见了他$_1$的女朋友，李四$_2$也说他$_1$看见了他$_2$的女朋友。(混合解读 2)

但与（44）相应的汉语句子（46）也同样难以获得混合解读 2：

（46）张三说他的女朋友看见了他，李四也是。

a. 张三$_1$说他$_1$的女朋友看见了他$_1$，李四$_2$也说他$_1$的女朋友看见了他$_1$。(严格解读)

b. 张三$_1$说他$_1$的女朋友看见了他$_1$，李四$_2$也说他$_2$的女朋友看见了他$_2$。(松散解读)

c. 张三$_1$说他$_1$的女朋友看见了他$_1$，李四$_2$也说他$_1$的女朋友看见了他$_2$。(混合解读 1)

d. ? 张三$_1$说他$_1$的女朋友看见了他$_1$，李四$_2$也说他$_2$的女朋友看见了他$_1$。(混合解读 2)

但混合解读1在两种语言中都是可以接受的，这一点至少有助于说明，动词短语省略可以产生较为复杂的解读歧义。

综上所述，在并列结构中，如果先行语包含代词，对省略动词短语的解读会产生松散解读和严格解读的歧义；且松散解读受局部效应的影响；当省略的动词短语包含内嵌小句，且该内嵌小句的主语和宾语中均包含代词时，句子会产生混合解读的歧义。

三　动词短语省略与动词空缺句的区别

动词短语省略和动词空缺句的共同之处是被省略的部分中都包含句子的主要动词，宽泛地讲，都是谓语内部的省略，李汝亚（2008）用“略谓结构”这一术语来统称这类省略结构。尽管如此，动词短语省略与动词空缺句的区别还是很明显的，在前文的基础上，我们把这两种句式的不同点归结如下：

第一，动词空缺句仅限于并列结构，并且受严格的局部条件（Locality Condition）① 限制，动词短语省略则不受此限制。

第二，动词短语省略总会遗留一个或多个助动词（auxiliary verb），没有任何助动词的情况下需要“是—支持”，而动词空缺句不需要。

第三，动词短语省略不允许不同的副词出现在先行语动词和省略的动词短语之前，动词空缺句则不受此限制。

第四，动词短语省略中被省略的部分和其先行语可以出现在不同的谈话人之间，动词空缺句不可以。

第五，动词短语省略中被省略的部分可以没有显性先行语，动词空缺句必须有显性先行语。

第六，动词空缺句中“缺口”的左右两边应该有词汇性成分

① 在动词空缺句中，局部条件可以理解为缺省动词及其先行语均不能处于内嵌句之内。

(lexical materials)，动词短语省略不受此限制。

四　汉语中的几种动词短语省略句

接下来我们要讨论的是汉语中哪些结构属于动词短语省略，哪些似是而非。文献中涉及动词短语省略的汉语句式有以下几种：

（一）空宾语句（Null Object Construction）[①]

空宾语句即宾语缺省的句子，如：

(47) 张三读了那篇文章，李四也读了［　］。

(48) 张三喜欢这本书，李四不喜欢［　］。

尽管从表面形式上看，空宾语句空缺的只是一个宾语，但对于（47）和（48）这样的句子中空缺的成分究竟是空代词还是一个动词短语，学界存在不同看法。不少学者认为，空宾语句实际上是一种动词短语省略结构（如 Huang，1987，1988，1989，1991；Otani & Whitman，1991；Li，1998，2002，等等）[②]。该观点的主要依据是：(i) 汉语空宾语句也会产生严格解读和松散解读的歧义；(ii) 空宾语句的松散解读受严格局域条件影响；

---

① 不同学者对汉语空宾句的称谓也不同：Huang 称之为假动词短语省略（VP ellipsis in disguise）；Li，Audry（2005）称之为动词结构（V – Construction）；Ai（2006）称之为动词滞留式动词短语省略（V – Stranding VPE）。

② 汉语的空宾结构可以与日语相比：Hoji（1998）指出日语的空宾结构不是动词短语省略，主要基于以下原因：（1）空宾结构并不总是能够产生松散解读；（2）空宾结构还可能产生第三种解读；（3）松散解读的局部效应会在一定的语境下失效；（4）空宾结构无法产生混合解读。除了 Hoji 之外，对日语的相关研究认为空宾结构的松散解读来自于空宾语的照应特征（Tomioka，1999）或者指称变换（Vehicle Change）（Kim，1999）。尽管汉语和日语都是允许空宾语的语言，但汉语的情况与日语不同：一般认为汉语的动词经历了 V – to – v 移位，但日语的动词停留在原位，因此，动词短语省略在汉语中是可能的，日语中却不可能。

(iii) 空宾语句也会产生混合解读的歧义。作为动词短语省略的典型特征，以上三个特点也常常被作为判断动词短语省略的主要依据。

根据这一观点，VP 的核心语 V 移动至 I 或者 *v* 的位置，留下空位的 V，然后在语音层面将 VP 删除。被删除的 VP 在语音输出时显示的只是一个空宾语，而实际上它的结构是 VP。另一种观点以 Xu（1986，2003b）为代表，该观点认为汉语的空宾语既不是空代词 pro，也有别于动词短语省略，而是一种特殊的空语类。由于这类空语类在指称上表现出完全自由的特点，Xu（2003b）称之为自由空语类（free empty category）。这种空语类既可以出现在宾语位置，也可以出现在主语位置。

Ai（2006）区别了空宾语句和动词滞留式动词短语省略（V - stranding VPE），认为在一定的句法或语用环境下，空宾语可能是空代词（pro）、变量（variable）、空称谓（null epithet）或者是动词滞留式动词短语省略。但只有在句法控制（syntactic control）的环境下空宾句才可能是动词短语省略，尤其是在上下文中能找到先行语的情况下。

除了空宾语的性质之外，汉英在空宾语结构方面的差异也是值得探讨的一个问题。我们把汉语的句子与相应的英语句子作比较就会发现，英语的空宾语句是不合语法的。

(49) 张三读了那篇文章，李四也读了［　］。
比较：John read the paper. * Mary read, too.

(50) 张三喜欢这本书，李四不喜欢［　］。
比较：John likes this book. * Mary doesn't like.

如何解释这一差别呢？Saito、Murasugi（1990）及 Lobeck（1990，1995）认为：通过管辖的办法，一个具有一致特征的功能中心语（C，I，D）可以允准其补足语省略。Takahashi（1994）把允准条件定义为：省略成分必须是一个合适的中心语的补语。综合以上看法，认为词汇中心语V也可以允准其补足语（宾语）省略应该没问题。

至于动词中心语如何允准宾语省略，Li（2004，2005）指出，省略的宾语是由动词中心语的选择限制允准的。省略的宾语作为动词的论元必须符合题元准则，即一个论元必须被指派一个题元角色，而且只有当论元有格的时候才能被指派题元角色。换言之，英汉宾语都是有格位的。Li解释了英汉在空宾语句方面表现出来的差异（见Li，2004）：

> （51）汉语的论元位置缺少Φ—特征（Φ－feature）[①]，所以宾语的格可以是隐性的，而英语的格则是显性的。因此汉语可以省略宾语，英语则不可以。

（二）“情态动词＋VPe”结构

从结构上看，这类句式和英语的动词短语省略类似。大部分的文献都认可这一结构是汉语中的VP（或*v*P）省略结构。如：

（52）张三想学轮滑，李四也想［ ］。

（53）张三能倒着弹吉他，他妹妹不能［ ］。

（54）小王会说阿拉伯语，小张也会［ ］。

（55）大宝要买玩具，小宝也要［ ］。

目前多数看法认为汉语中的“情态动词＋VPe”[②] 这样的句式

---

① Φ－特征指名词组所具有的性、数、格等特征。

② 李艳惠（2005）称为“助动词结构”，李汝亚（2012）称为“也＋情态动词”结构。

属于典型的动词短语省略。Lobke（2010）把丹麦语中的这类省略称为情态动词补足语省略（modal complement ellipsis /MCE）而非动词短语省略，如（引自 Lobke，2010：40）：

（56）Ik　wil　je wel　helpen，maar ik kan niet [　]
　　我想要（分词）你的帮助，　但是我 能　不
　　（我想要你的帮助，但是我不能 [　]。）

这种结构表面上看起来跟英语的动词短语省略看起来是一样的，Lobke 之所以不把它作为动词短语省略，是因为丹麦语里没有英语中典型的动词短语省略结构，而且 MCE 只在情态动词后面才有可能（参见 Lobke，2010）。

大部分情态动词的意义都可以同时包含道义上（deontic）和认知上（epistemic）的两种意义（详见方立，2000）。如"会"既可以表示道义上的能力，也可以表示认知上的可能性。值得注意的是，汉语中并非所有的情态动词都允许动词短语省略，Ai（2006）指出，道义和认知义的差别在允准"情态动词 + *v*Pe"方面不存在差异，但表示必要义情态动词（"应（该）/应当、必须、得、不得不"等）不能允准 VP（或 *v*P）省略，不过否定词"不"和"该/应该"一起可以允准动词短语省略，"得"和"必须"则不可以。他用（57）中的对比来说明（Ai，2006：197）：

（57）a. ？张三应该说法语，李四也应该 [　]。
　　b. 张三该/应该/应当死，可是李四不该/应该/？应当__。
　　c. ＊张三得/必须死，但是李四不得/必须 [　]。

可以看到，汉语不同的情态动词允准动词短语省略确实存在

接受程度上的差异。但差异的产生究竟是句法或者词汇意义的不同所导致，还是受语音或者语用的影响值得继续探讨。

（三）“也是 + VPe” 结构

本章例句（25）、（45）、（46）都属于“也是 + VPe”的结构，更多的例句如：

（58）张三去过两次西藏，李四也是［ ］。

（59）张三不准备买那本漫画书，李四也是［ ］。

（60）张三读了那篇文章，李四也是［ ］。

如前所述，和英语典型的动词短语省略句一样，在有代词的情况下，“是 + VPe”结构会产生松散解读和严格解读的歧义，如：

（61）a. 张三看见了他的妈妈，李四也是［ ］。

b. 张三$_i$看见了他$_i$的妈妈，李四$_j$也看见了他$_i$的妈妈。（严格解读）

c. 张三$_i$看见了他$_i$的妈妈，李四$_j$也看见了他$_j$的妈妈。（松散解读）

这类结构与英语由“do”构成的动词短语省略句类似，文献中一般把这一结构看作是汉语中的动词短语省略。下面我们先看一看英语“do—支持”的例子，比较：

（62）a. * John read the book before Bill ［ ］.

b. John read the book before Bill did ［ ］.

（约翰在比尔之前读了那本书。）

从（62a）和（62b）的对比可以看出，如果没有任何助动词，英语无法允准动词短语省略，因此"do—支持"在英语的动词短语省略中很常见。由于"do"在意义上的空虚和句法上的重要作用，被称为假位助动词（dummy auxiliary）。

就动词短语省略而言，"是"的作用和"do"很相似，即它很像是一个假位助动词。至于动词短语省略为什么需要假位助动词，Li（2004）指出，"do"的出现表明在某些情况下"I"节点不能为空位。进一步解释为，在动词短语省略句中，"I"节点是一个具有强特征的节点，它必须是显性的，在没有其他词语时，需要一个假位助动词来填补，我们不妨认为汉语"是"的出现和英语"do"一样，都是为了填补具有强特征的空位I。

根据Li（2004），英语"I"节点的强特征可以由（63）中的"可及性条件"来解释，而"可及性条件"是省略句合格的前提条件。

（63）可及性条件（Accessibility Condition）（Li，2004）：

通过给中心语赋予强特征可以使空补足语的先行语变得可及。

因此，"是"在省略句中的作用是使得省略成分的先行语变得可及，从而获得完整的解释。从句子生成的角度看，将重复的部分通过某种句法手段省略，也符合语言经济性的要求。

但"是"和"do"并不完全相同，比较下面的句子：

（64）a. 张三不喜欢跑步，李四也是。

b. *张三不喜欢跑步，李四也不是。

（65）a. *John doesn't like jogging; Bill does __.

b. John doesn't like jogging; Bill doesn't __ either.

(约翰不喜欢跑步，比尔也__。)

(65a) 和 (65b) 的对比说明，“是”的句法位置应在否定词“不”之上，李艳惠 (2005) 指出，从语义上看，“是”与命题有关，而命题往往被看作是曲折短语 IP，更多的例句可以表明，“是”选择的短语大于情态动词选择的短语。(64) 和 (65) 的差异表明，“do”不能选择包括否定词在内的短语，而只能和否定词一起选择动词短语。由此可见，“是”和“do”在对补语的选择上是有差异的。如果李艳惠 (2005) 的分析正确，那么也就是说，“是”所允准的省略结构事实上是“IP 省略”，而非“动词短语省略”。

(四) 否定词 + VPe

除了助动词“是”和情态动词之外，否定词“没有”也可以允准动词短语省略，但“不”允准动词短语省略受限制，如：

(66) 张三常常反省自己，李四从来不 [ ]。
(67) 张三向老师承认了错误，李四没有 [ ]。

值得注意的是，“没有”的变体“没”不可以允准动词短语省略，比较：

(68) a. ＊张三吃过早饭了，李四没 [ ]。
b. 张三吃过早饭了，李四没有 [ ]。

否定词“不”不能单独允准动词短语省略，如：

(69) a. ＊张三喜欢读书，李四不 [ ]。

b. *他暑假去旅行，我不［ ］。

“没”和“没有”表现出的差异可能来自韵律的原因，而“不”和“没有”在允准动词短语省略方面的差异可能与词汇特征有关，“不”的黏着性比“没有”强。

第三节 汉语并列空动词句①

通过讨论汉语中是否存在动词空缺句，我们可以发现汉语在显性句法结构上更倾向于省略名词而非动词。如赵元任（1979：43）指出在汉语的问答句中，答话用零句时，多采取谓语的形式。比如，如果问话中用疑问词做主语，答话也往往连动词一块儿说，如：

（70）谁在屋里？老王在屋里。/是老王。

（71）哪儿的气候最好？昆明的气候最好。

如果问话的谓语中有疑问词而不是主要动词，答话也往往连动词一块儿说，如：

（72）他要吃什么？要吃肉。/吃肉。

（73）他几时来？初三来。

吕叔湘（1986）指出：“一般说，动词承前省略没有名词那么容易，例如不说：你坐这儿，我那儿；老大写诗，老二小说。”刘

---

① 本小节主要内容是由作者与韩巍峰博士合作完成，特此致谢！

丹青（2010）也指出，汉语特别排斥有主语宾语而省略谓语动词的句子。

以上对汉语事实的描写反映了汉语不易省略动词的特点。但有意思的是，如果我们把吕先生所说的例句中的第一个分句的动词也省略，那么在一定的语境下，句子的可接受性就没有问题了，如安排座位，甲指着两个位子对乙说：

（74）你这儿，我那儿。

事实上，在一定语境下，汉语允许没有动词的句子，又如（75）：

（75）东家一口馍，西家一块饼。（引自石定栩，2000：19）

石定栩指出（75）实际上是在一定的语境里省略了动词而形成的。原因是这个句子本身必须在一定的语境中才能使用，脱离了上下文就必须补上相应的动词才能站得住脚。Tang（2001）也提到了类似的句式，如：

（76）张三三个苹果，李四四个橘子。（引自 Tang，2001：205）

同样地，对于（76）而言，除非有足够的语境信息，否则其语义将无法获得完整解读。Tang（2001）认为（76）由两个具有（77）这样的结构式的空动词句（empty verb sentence）所组成：

（77）XP［VP［VØ］YP］

其中名词性短语 XP 和 YP 分别是空动词句的主语和宾语；空缺的动词是一个及物动词。符合（77）这一结构的还有（78）这样的动词空缺句的第二个分句：

（78）我要红色的花，她__蓝色的。（引自 Tang，2001：207）

但我们发现，尽管（78）的第二个分句与（76）中的两个分句都可以用（77）这样的结构式来表达，但（78）在很多方面表现出与（76）不同的特点。

首先，从空动词与其先行语（antecedent）的关系来看，（78）的先行语必须是显性的，且只能位于其结构内部；而（76）中空缺动词的先行语则存在于语境中，它可以在距离较远的会话中找到，甚至可以没有显性的语言形式。如：

（79）（安排住宿）
室友 A 对室友 B 说：你上铺，我下铺。
（引自傅玉，2012：30；另见陈满华，2008：115）

（80）（一对朋友在小餐馆里）
A 看完菜单对 B 说：我米线，你盖饭，怎么样？

首先，上述区别表明（76）[以及（74）、（75）] 与（78）是属于不同性质的省略句式，前者受语用控制（pragmatic control），后者受句法控制（syntactic control）①。

其次，尽管（78）是文献中认为合法的句子，但我们的调查发现，（78）这样的动词空缺句式的可接受性程度在以汉语为母语

① 关于句法控制和语用控制，详见 Ai（2006）。

的被试中存在差异，但像（76）这样的两个并列小句均不带动词的句式则被普遍接受。

此外，（76）与（78）中的空动词句在宾语的指称意义上也存在不同，关于这一点，下文会进一步讨论[①]。

鉴于以上分析，我们在（77）的基础上把类似（76）这样的句式看作是由并列的两个空动词句所构成的，结构描写如下：

（81）XP_1 ［VP［VØ］ YP_1］，XP_2 ［VP［VØ］ YP_2］。

在（81）这一结构式中，XP_1、YP_1 和 XP_2、YP_2 均为动词省略之后遗留下来的名词性短语，分别充当空动词句的主语（XP_1 和 XP_2）和宾语（YP_1 和 YP_2）；XP_1 与 XP_2 互为对应项（correspondent），YP_1 与 YP_2 互为对应项；这四个成分都可称作空动词句的残余成分。在（81）中，互为对应项的成分在结构上应保持平行。下文我们把符合（81）这一结构式的句子称作“并列空动词句”。

本小节主要探讨汉语中可以出现并列空动词句的具体语境，以及为什么在该语境下，会出现并列空动词句。

一　并列空动词句的语境特点

由于在结构内部没有先行语，空缺动词的意义需要借助语境

---

① 邓思颖（2002：5）把（i）这样的句子也归入空动词句：

（i）每个人三本书。

我们认为，这个句子与本书所讨论（76）中的空动词句也是有区别的，其主要不同在于：（i）的主语是一个全称量化短语，而（76）则需要一个定指的名词性短语。此外，李艳惠（2005）认为像（76）这样的句子中的“动词省略”更像没有包含动词删略的句子，而是由名词短语充当谓语的典型主谓结构。不过李艳惠讨论的是主语和谓语之间意义关系较为固定的单句，理解上不依赖于具体的语境，而（76）包含两个分句，且（76）的解读直接依赖于具体语境，在不同的语境下，（76）的意义是不同的。因此，我们认为（76）是省略了主要动词的省略句，而非名词谓语句。

才能恢复和重建。因此，对于并列空动词句来说，清晰的语境是必不可少的。下面我们用几个具体的例子来说明谈话语境对并列空动词句的重要性：

(82) A：(在餐馆里，服务员问：) 二位喝点什么？

B：我橙汁，他啤酒。

(83) A：(在商场里，服务员问：) 你们想要什么颜色的包？

B：我红色的，她蓝色的。

如果没有谈话的语境，只说（82B）和（83B），句子虽仍合法，但意义却无法确定。以（82B）为例，在各种可能的语境下，空缺的动词还可以是“买、卖、拿”，相应地，句子会得到各不相同的解释。一般情况下，听话人在听到（82B）和（83B）这样的句子时会推测该句子是在何种场景下说出的，并尝试补出空缺的动词，以达到对句子意义的完整理解。

但并非所有的语境都可以允准并列空动词句，Tang（2001）注意到空动词句不能是非偶发性的（non - episodic）。这里的偶发性是就空动词句所表达的事件意义而言的，一个句子的意义是不是表达一个偶发性的事件主要取决于句子谓语动词的意义类型。但由于并列空动词句的动词完全空缺，这就使得对该句式中动词意义类型的分析必然要建立在对具体语境的分析之上。

初步观察，我们发现尽管并列空动词句可以出现的语境并不限于偶发性的事件场景；但非事件性的语境却会造成异常或者不合法的并列空动词句，如：

(84) A：你们喜欢哪个季节？

B：? 我秋天，他冬天。

(85) A: 张先生和太太都是做什么的?

B: ＊张先生医生，张太太他的助理。

由此我们不妨假定，并列空动词句的语境只能是事件性的，可以允准空动词句的典型事件场景是消费场景。Paul (1999) 把餐馆里服务员与顾客的谈话场景称作“餐馆场景”(restaurant context)，相应地，还可以有“商场场景”“电梯场景”“办公室场景”等。

以上分析表明，并列空动词句需要有具体的事件性场景，对句中空缺动词的语义解释依赖于该场景所提供的信息。不仅如此，通过进一步观察，我们发现，事件性场景不仅是空动词句合格的语用条件，而且在该条件得以满足的前提下，句法上的进一步控制会使句子的可接受性程度降低。例如：把 (82) 改为 (86)，句子的可接受程度会降低：

(86) A:(在餐馆里，服务员问:) 二位喝点什么?

B:? 我喝橙汁，他啤酒。

尽管类似 (86B) 的句子在英语中是合法的动词空缺句[①]，但汉语在谈话场景明确的情况下，却优先选择并列空动词句，而不是英语式的动词空缺句。这说明在现代汉语中，事件性场景可以自足地允准动词省略 (而单纯的句法控制却做不到这一点)。由此可见，并列空动词句中动词的省略主要受到语用因素，而非句法因素的制约。傅玉 (2012) 把汉语的动词空缺句和空动词句归入“情景省略”(situational ellipsis)，也说明了语用因素对这类省略

① 英语中与 (86B) 相应的动词空缺句如：Robin cooked the fish, and him the rice. (引自贺川生，2007：127)

句式的作用。

事件性场景可以由谈话的现场提供（如餐馆场景），也可以来自说话人的陈述。根据并列空动词句受事件性场景的限制这一特点，我们可以预测，如果说话人在上下文提供了一个事件性场景，那么即便不是在对话中也同样可以产生合法的并列空动词句。事实正是如此，如：

(87) 下个月我们两个出差，我深圳，他上海。

(88) 今晚聚餐谁准备什么都已经安排好了：张三凉菜，李四热菜，赵英甜品。

(89) 小张、小王和小刘都是小民乐队的，一到演出，小张琵琶，小王古筝，小刘中阮。

不仅如此，事件性场景也可以包含在一定的情境中，这时，并列空动词句则不需要一个显性的先行语，如上文的（79）和（80），更多的例子如（引自贺川生，2007：132）：

(90)（玩游戏时，一个小孩对另一个小孩说：）我警察，你小偷。

(91)（填报志愿时，老师对两个高考学生说：）你北大，他清华。

除了事件性场景，对举的语境[①]对并列空动词句的合格性也起着重要作用。我们发现，在非对举的语境下，汉语可以出现主语空缺、宾语宾缺、主语和动词空缺、动词和宾语空缺等，但只空缺动词却

① 这里谈到的“对举”，相当于刘云（2006）所言之“非强制性对举”及张国宪（1993）所言之“外部对举”。本书把“对举”看作是一种广义语境。

往往会产生不合格的句子。如下面服务员与顾客之间的对话：

(92) A：您喝点什么？
B：我喝绿茶。/喝绿茶。/绿茶。/ * 我绿茶。

(93) A：哪位要绿茶？
B：我要绿茶。/我要。/我。/ * 我绿茶。

二 并列空动词句的信息结构

在上下文语境清楚的情况下，汉语的主语和宾语倾向于省略。并列空动词句的主语和宾语之所以不能省略，是因为在对举的语境下，它们都是具有对比性质的焦点，既然是焦点，就不能被省略，这一点与英语动词空缺句类似（参见 Johnson，1996：2）。具体来讲，并列空动词句的主语是具有对比性质的话题焦点，而宾语则是具有对比性质的信息焦点。①

尽管并列空动词句的主语和宾语都是焦点，但二者在语用上存在差别，它们是不同性质的焦点：主语位置的焦点同时也是话题；宾语位置的焦点则负载新信息。二者分别对应于 Kadman (2001) 所定义的话题焦点和普通焦点。② 以下徐烈炯、刘丹青 (2007：84) 关于话题焦点的讨论进一步印证了对举语境下空动词句的主语正是合适的话题焦点③："对话题焦点来说，作为背景的成分有可能在别的句子中也是话题焦点，有一种情况下就是平行的句子互以对方的话题焦点为背景，这样构成真正的对比。"本书

① 关于信息焦点，可参见刘丹青、徐烈炯（1998），徐烈炯、刘丹青（2007），徐烈炯（2009）等。

② Kadman 使用的术语是 TOPIC - focus 和 FOCUS - focus，前者是对比性的话题，后者负载句子的新信息，我们分别翻译为"话题焦点"和"普通焦点"。

③ 徐烈炯、刘丹青（2007）并不认为主语和话题是不同层面的范畴——他们认为两者都是句法概念，分别占据不同的句法位置。不过这些看法上的差异对本书的论证并无实质影响。

所谈的并列空动词句正是一种“平行的句子”。

话题焦点的特点是它既包含已知信息，同时还具有对比性，在（92）中，说话人 A 所提问题中的主语不存在对比性，相应答语中的主语也不存在对比性，因此不是话题焦点。既然不是话题焦点，其出现就是非强制性的，所以“我喝绿茶”“喝绿茶”和“绿茶”都是合适的回答。而在（93）中，宾语作为不具对比性的旧信息，其出现也是非强制性的，故而“我要绿茶”“我要”和“我”也都是合适的回答。比较而言，在对举的语境下，当主语和宾语同时成为焦点，而动词是旧信息时，动词的出现是非强制性的，这就为并列空动词句提供了必要的语用条件。同时，只要确保空动词句的主语为对比性的话题焦点而宾语为对比性的信息焦点的对举语境存在，那么，相应的空动词结构就具有“传递性”（即不同的对举项可以由不同的说话人说出，也可以被其他话语隔开），如（94）、（95）：

（94）（在电梯里，服务员问乘电梯的两个人）你们去几层？

A：我五层。

B：我七层。

（95）A：（每个人都要了饮料）小张啤酒，小王橙汁，小李呢？

B：小李西瓜汁。

综上所述，我们把空动词句的特征概括为（96）：

（96）当且仅当存在事件性场景和对举语境时，空动词句才合法。

不仅如此，由于对举是话题焦点出现的典型语境，因此可以进一步预测，在两项或多项对举（同时存在）的情况下，句子可以只保留作为话题焦点的主语和作为信息焦点的其他成分（如句子宾语、状语、时量补语或动量补语等），而将其他成分（如及物动词）省略，这样就形成了本书讨论的空动词句；同样，不及物动词和动宾短语也可以省略，而相应省略的结果就是如下各种动词性省略句：

（97）A：你的朋友什么时候到？
B：小王明天，小李后天。
（98）A：你们来了多长时间了？
B：我半年，他一年。
（99）A：你们去过西藏几次？
B：我一次，他两次。
（100）A：今天有课吗？
B：有啊，上午两节，下午两节。

在自然重音下，信息焦点通常是句子的宾语或者附加成分，而不会是句子的主要动词。但在事件性场景和对举的语境下，句中主要动词（或其意义）已经由语境提供，成为旧信息；而两个并列分句的主语和宾语（或其他具有对比性的成分）则分别成为话题焦点和普通焦点。在这样的信息结构下，句子会自然保留其中的焦点性成分，而将作为非焦点成分的主要动词省略。[①] 这也解释了为什么“对举式中的省略主要是省略对举项的动词”（见刘

① 当然，在充足的对举语境下，句子的信息焦点也可以是动词，这时候动词就保留下来，生成名词性省略句，如：
（i）A：你们准备怎么做这些蔬菜？
B：我炒__，他凉拌__。
上例不在我们的讨论范围中。

云，2006：81）。

由于并列空动词句依赖于句子的语境信息，是句子信息结构在句法层面的反映，因此该句式具有跨语言特点，不只存在于汉语中，也见于其他语言，如英语：

（101）A：Who met who?

B：Jerry，Sarah；Sally，Mark；Erish，Betsy.（引自 Johnson，2005：1）

三　并列空动词句主宾语的指称特点

作为说话人和听话人所熟知的旧信息，句子的话题必须是定指或者类指的。并列空动词句的主语既然同时也是话题，那么也应该是定指或者类指的，但由于该句式依赖于一定的事件性场景，其主语是在该事件场景下被陈述的具体对象，因而应该是定指的，而不能是类指的。下面我们以光杆名词短语作主语为例，来分析主语的指称特点对并列空动词句合法性的影响。比较：

（102）A：小猫和小狗喜欢吃什么？

B：? 小猫鱼肉，小狗骨头。

（103）A：小猫和小狗一会儿吃什么？

B：小猫鱼肉，小狗骨头。

孤立地看（102B）或（103B），不好判断句子是否合法，但结合语境会发现（102B）的可接受程度明显地弱于（103B）。尽管（102B）和（103B）两个句子的主语是完全相同的光杆名词，但它们在指称上却有差别，这一差别源自于谓语性质的不同。一般来说，汉语倾向于用光杆名词短语表示类指（Chierchia，1998；刘丹青，2002，等等），但光杆名词短语在句子中的语义会受到谓语类型的影响，当谓语表示状态或属性时，光杆名词主语常常是类指的，谓语表示事件时，光杆名词主语常常是单指的。（参见徐烈炯，1999；刘丹青，2002；王秀卿、王广成，2008，等等）（102A）和（103A）的谓语“喜欢吃什么”和“一会儿吃什么”分别表示属性和事件，因而同为光杆名词的主语在指称意义上分别为类指和单指，所以在（102A）的语境下，主语理解为类指的，如果将动词省略会造成句子异常；而在（103A）的语境下，主语的所指是一个有定的个体，所以省略动词之后的句子依然合法。

除了光杆名词，并列空动词句的主语还可以是代词或其他定指性名词成分（如专有名词和带有“这、那”等定指性标记的名词短语），这些成分作主语时其定指性的指代特征不受谓语影响。

以上分析表明，对于并列空动词句而言，基于一定的事件性场景与主语必须定指这两个条件之间具有蕴含关系。具体来讲，在事件性场景之下，并列空动词句的谓语是事件性谓语，因而光杆名词主语也应该是定指的。也就是说，事件性场景这一语用限制条件蕴含了主语在指称上的语义限制条件。

尽管主语的指称意义对并列空动词句的合法性有明显影响，但其宾语在指称上却比较自由。经过考察，我们发现在特定的事件性场景下，并列空动词句的宾语不论是类指、定指还是不定指，都不影响该句式的可接受性。例如，在“餐馆场景”下，下列句子都是可以说的：

（104）我这杯，你那杯。（定指）
（105）我米饭，他面条。（类指）
（106）小王一碗米饭，小李一份煎饼。（不定指）

不同的场景下，情况同样如此，如：

（107）（安排座位）
　　小张这个位子，小李那个位子。（定指）
（108）（安排住宿）
　　你们楼上，我们楼下。（类指）
（109）（设计雕像作品中的人物手中所拿的东西）
　　男孩一本书，女孩一朵花。（不定指）
　　［（108）和（109）引自陈满华，2008：115］

可见，并列空动词句中宾语的指称比较自由。相比之下，在汉语中极为受限的动词空缺句的宾语的指称却是受限的，如 Tang（2001）指出汉语动词空缺句的宾语不能是存在性（existential）或非定指（indefinite）的。以上分析表明，宾语指称特点的不同对动词空缺句式确实有着较为显著的影响，这说明汉语并列空动词句与动词空缺句所受的限制条件并不相同。

四　并列空动词句与“话题—述题”结构

既然并列空动词句的主语是具有对比性的话题，那么其右侧的成分就自然可以看成述题（comment）。换言之，空动词句其实是一种“话题—述题”结构。

但汉语的述题在结构上倾向于是一个完整的 IP（见韩巍峰，2010，2013：225—228；韩巍峰、梅德明，2011），因此，像并列空动词句中宾语这样的名词性短语只能是 IP 述题的一部分。换言之，该句式中的宾语是作为述题的 IP 省略了动词之后的残余项。

在对举语境下，并列空动词句的每个并列小句中作为话题焦点的主语 XP 和作为述题中动词宾语的 YP 分别与其他小句中相应的成分形成了对比，这种对比使得句子中的主要动词的语义作用得以大大弱化而省略。①

Rosen（1996）指出，在许多语言中都存在无动词（verbless）的句法结构，其中比较常见的无动词结构正是本书讨论的这种“话题—述题结构”（topic - comment construction）。

从句法和语用的关系来看，语用上的要求得到满足之后，在不违反句法限制条件的情况下将某些句法位置上的成分省略掉是必然的结果。Merchant（2012：29）指出，“语义上的等同理论并不需要接受这样的看法，即句法上不存在一个不发音的结构。这是完美地一致的：当声称省略的位置有句法结构时，他们不发音的原因是因为语义或者语用上的要求已经得到满足了”。正如语义上的等同也无法否认句法上的省略一样，语用条件的满足不但不能否认句法省略，而恰恰正是句法省略的必要条件。

第四节 片语

片语是指简短的答语或回应性短语，或者说是一些不完整的语言片断，可以是一个名词性短语或者其他性质的短语，但在语义上等同于一个命题，可以表达一个断言。我们把前面第二章（44）—（48）各例重复如下（省略了相关语境）：

（110）A：你最喜欢什么乐器？
B：小提琴。

（111）A：你认识那个坐在角落里的人吗？
B：认识。

① 这一点与韩巍峰（2012：25）的如下分析是一致的：“若主题与述题之间存在动词，当且仅当主题与述题的对比义需特别强调而该动词不需对比，且该动词在相应的认知背景中可以找到并不具歧义时，该动词可以省略。”

（112）Abby：Beth 要带谁来？

Ben：Alex。

（113）她在公园里遇到的一个人。

（114）来自德国！看，我说的！

这种片语在汉语口语中大量存在，是一个普遍的语言现象。海外语言学界对这个问题的研究主要有两种观点：一种观点认为，上面的句子是一种类似于截省结构的省略句，可以用省略的办法来处理，这种观点称为省略法（Hankamer，1979；Morgan，1973，1989；Stanley，2000，Reich，2002，等等）；另一种观点认为片语本身可以表达一个断言，不存在省略的问题，称为直接解释法（Barton，1990；Stainton，1995，1997，1998；Ginzburg & Sag，2000；Jackendoff，2002）。

小 结

本章主要介绍了采用生成语法理论研究汉语省略句式的主要成果，重点介绍了动词空缺句和动词短语省略。对动词空缺句和动词短语省略的研究主要建立在英汉对比基础的之上。目前的研究基本认为动词空缺句在汉语中极为有限，而且它的合法性受到较为严格的句法语义条件的制约，研究发现，在对动词空缺句合法性的判断上存在南北方的地域差异。汉语中的动词短语省略句式较为复杂，其中讨论的焦点主要集中在空宾语句是不是动词短语省略。

除了对以上两种省略句式研究成果的介绍，本章还详细讨论了汉语中较为独特的一类空动词句，重点分析了对举结构中汉语空动词句的语用特点，并从信息结构的角度，探讨了在对举结构下汉语各种省略句式的成因。此外，本章还简单介绍了对片语的研究情况。

第四章

截省句与疑问句类型

作为一种省略型疑问句，截省句（sluicing）[①] 的基本特点是：在形式上，它仅仅是一个疑问词短语（wh－phrase）；在意义上，它相当于一个完整的疑问句。典型的截省句是指（1）中方括号内的句子：

（1）Somebody just left—guess [who __]. （Ross，1969：252）

（有人刚离开——猜猜［谁__］。）

截省句离不开一定的句法环境（或上下文语境），如（1）中的第一个分句“Somebody just left”就是整个结构必不可少的部分。因而像（1）这样的由两个分句组成的整个结构，在文献中被称为截省结构（sluiced structure/sluicing structure）。其中，截省句中的疑问词被称为残余疑问词（wh－remnant）。（1）中第一个分句作为截省结构必不可少的部分，被称作先行语小句（antecedent IP）。

在先行语小句中，通常会有一个与残余疑问词短语相关联的

① 在 Ross（1969）中，“sluicing”一词指的是生成（1）中的疑问小句的转换手段，而非句式本身。文献中通常把类似（1）的整个句子都称为截省句。

成分，该成分通常被称为关联语（correlate），Chung 等（1995）称之为内层先行语（inner antecedent），如（1）中的“somebody”。关联语有时可以缺失，如：

(2) Kids are reading (something) in classroom, but we don’t know what.

[孩子们在教室里读（什么），但我们不知道是什么。]

在（2）中，“something”的出现是自由的，当它不出现时，截省句的关联语可以被认为是隐性的（implicit）。

本章首先分析典型截省句的句法结构，我们将从经验上证明截省句在句法结构上相当于一个完整的疑问句，而不是像它表面上所表现出来的那样，是一个疑问词短语；然后分析截省句的生成过程。第二节介绍典型截省句最主要的句法功能：孤岛修复（island repair）。第三节比较原位疑问词（wh－in－situ）语言中的截省句与典型截省句的异同。第四节介绍原位疑问词语言截省句的主要研究思路。

第一节　典型截省句的句法

截省句的内部结构与具体语言的疑问句类型密不可分。根据生成语法的原则与参数理论，人类语言在普遍原则与不同参数设置的共同作用下，形成了各自不同的面貌。其中，一种语言在疑问句派生的过程中是否发生疑问词的显性移位被看作重要的参数之一。具体来讲，有的语言在生成疑问句的过程中，疑问词会从其基础位置移出，落脚于句首位置，被称为疑问词移位语言

(wh－movement language)，如英语；而在另一些语言中，疑问词总是在其基础位置，被称为原位疑问词语言（wh－in－situ language），如汉语。

根据最简方案，一种语言的疑问词在生成疑问句的过程中是否发生移位主要取决于疑问词所携带的疑问特征。具体解释如下：移位是为了满足句法特征核查的需要，在那些疑问词移位语言中，其疑问句 CP 的核心语 C 带有一个强的［+Q］的指示语特征，这一特征是不可解释的，因此需要在其指示语位置（即［Spec，CP］）有一个相应的带［+Q］特征的短语来核查其指示语特征，从而删掉这一不可解释的［+Q］特征，英语就是这样一种语言。与此相反，另一类语言中的 CP 核心语 C 携带的疑问特征是弱的特征，因此不需要其疑问词移位来满足这一特征的核查，因此在这类语言中，带有疑问特征［+Q］的疑问词[①]在显性句法层面无须移位，而是停留在其基础位置。

截省句在各种疑问词移位的语言中普遍存在。Merchant (2001) 考察了世界上 32 种疑问词移位的语言，发现这些语言中都存在类似英语的截省句，我们把这些与英语截省句类似的句式称为典型截省句。

一　典型截省句的句法特点

典型截省句的表面形式是一个疑问词短语，因此，早期有研究曾经讨论过把截省句的结构分析为基础生成的可能性（如 Akmajian，1968；Chomsky，1971；Dougherty，1968；Jackendoff，1966，等等)。按照这一观点，截省句并非省略句，而是由基础生

① ［+Q］表示疑问特征。但疑问词并不总是带有疑问特征，比如在汉语中，疑问词还可以做不定名词，在不同的语境下，其指代为虚指或泛指，如：

（1）我什么也听不见。

（2）张三什么都知道。

成的一个疑问词短语充当句子宾语的普通单句。以（1）为例，截省句的句法结构可以描写为：

（3）$[_{VP}\ [_{V}\ \text{guess}\ [_{DP}\ \text{who}]]]$

如果（1）中截省句的句法结构确实如（3）所描写的那样，那么截省句就不是一个内嵌的疑问句，也并非省略句式，而是由疑问词直接充当动词论元的一个独立的简单句。Ross（1969）将以上分析称为解释理论（interpretive theory）。

如果不考虑更多的技术细节，解释理论似乎并无不妥，某种程度上讲，它更符合我们的直觉判断。但 Ross（1969）及 Merchant（2001）通过跨语言的对比研究，用具体的语言事实和理论分析证明截省句确实是一种省略型疑问句，从而推翻了解释理论的假设，并为截省句的删略分析法提供了可靠的依据。

本小节在 Ross（1969）和 Merchant（2001/2004）的基础上，从格标记、介词滞留（preposition stranding）/随迁（pied－piping）①、主谓一致、充当动词补足语的 DP 或 CP 的位置差异以及动词的选择限制等五个方面分别阐述典型截省句的句法特点。

（一）格标记的匹配

Ross（1969）最早指出德语在某些情况下，其截省句残余疑问词的格标必须与前文先行语小句中的某个 NP 保持一致。在例句（4）中，只有与格形式的疑问词 wem 的截省句是合法的，因为德

① 介词滞留是指这样一种句法现象，即作为介词宾语的疑问词在移位时可以把介词留在原位而进行单独移位，从而在原来的位置留下一个空的介词。汉语不允许介词滞留，这和我们通常所说的汉语不允许“介词悬空”类似。与此相对的是介词随迁（pied－piping），指介词随其宾语的移位而移位。

语动词 scheicheln（恭维）只能带与格形式的宾语。

（4）Er will jemandem schmeicheln，aber sie wissen nicht
他 想 某人（与格）恭维 但 他们 知道 不
{ * wer / * wen /wem }
* 谁（主格）/ * 谁（宾格）/谁（与格）
（他想恭维某人，但他们不知道谁。）

而在（5）中，只有宾格形式的疑问词 wen 才能构成合法的截省句，这是因为与 scheicheln（恭维）意义相近的动词 loben（赞扬）只能带宾格形式的宾语。

（5）Er will jemanden loben，aber sie wissen nicht
他 想 某人（宾格）赞扬 但 他们 知道 不
{ * wer /wen / * wem}
谁（主格）/ 谁（宾格）/ 谁（与格）
（他想赞扬某人，但他们不知道谁。）

可见，德语截省句中疑问词的格标记不是与主动词 wissen（知道）保持一致，而是与前文先行语句中的动词保持一致。与相应的完整疑问句中疑问词的格标记相比较，可以发现情况亦是如此：

（6）Sie wissen nicht，{ * wer/ * wen/ wem}
他们 知道 不 谁（主格）/谁（宾格）/谁（与格）
er schmeicheln will.
他 恭维 想
（他们不知道他想恭维谁。）

（7）Sie wissen nicht，{ * wer/ wen/ * wem}

他们 知道　不　谁(主格)/谁(宾格)/　谁(与格)
er　loben　will.
他　表扬　想
(他们不知道他想表扬谁。)

以上现象说明，截省句中的残余疑问词并非所在主句动词词汇选择的结果，即它并非所在主句动词的宾语（或补足语），而有可能是先行语小句中动词的论元，它与相应的完整疑问句中的疑问词具有同样的句法地位。

同样的情况也见于所有带有格标记的语言中，除德语外，Merchant（2001）还考察了其他 9 种格标记语言，它们是：希腊语、俄语、波兰语、捷克语、塞尔维克语、芬兰语、匈牙利语、印地语、巴斯克语。

在此基础上，Merchant（2001：91）提出了（8）中的形式等同概括之一：格—匹配（form - identity generalization Ⅰ：Case - matching）。

（8）截省后的疑问词短语必须与其关联语带有同样的格标记。①

（二）介词滞留与随迁

另一个证据是，如果一种语言允许疑问词移位时介词滞留（preposition - stranding/P - stranding），那么这种语言也同时允许截省疑问词的介词滞留。英语介词“with”在生成疑问句的过程中允许介词滞留，如（9）：

① 原文如下：The sluiced wh - phrase must bear the case that its correlate bears.

(9) Who was he talking with?

(他在跟谁说话?)

相应的英语截省句中，疑问词可以单独出现（介词可有可无）:

(10) Peter was talking with someone, but I don't know (with) who.

[彼得在跟一个人谈话，但我不知道（跟）谁。]

(引自 Merchant, 2001: 92)

当 with 不出现时，按照语音删除理论，(10) 中的截省句可以得到如下解释：截省句在派生的过程中，疑问词前移，而疑问词前的介词 with 则滞留在原来的位置，并在语音层面被删除。

Merchant (2001) 一共考察了 6 种允许介词滞留的语言，发现这些语言的截省句与相应的完整疑问句在介词滞留方面完全一致。除了英语之外，这些语言是：弗里西亚语、瑞典语、挪威语、丹麦语和冰岛语。

Merchant (2001) 还发现那些不允许介词滞留的语言的截省句残余疑问词必须携带介词，如俄语的例子（引自 Merchant, 2001: 96）:

(11) a. Anja govorila s kem - to, no ne znaju * (s) kem.

Anja 说话 和 某人 但 不 我知道 和 谁

(Anja 和某人说话，但我不知道 * (和) 谁。)

b. * Kem ona govorila s?

谁 助动词 说话 和

（11b）中，疑问词 kem 从介词 s 的宾语位置移到了句首，介词滞留在原处，导致句子不合语法，说明俄语不允许介词滞留。（11a）中相应的截省句中的疑问词前面如果缺了介词也不合语法。这可以为截省句的派生过程包含疑问词移位提供事实依据。

为了更清楚地证明这一点，Merchant（2001）还考察了 18 种不允许介词滞留的语言，所有被考察的语言的疑问句都是将疑问词移位至句首而形成的。这些语言是：希腊语、德语、荷兰语、意第绪语、俄语、波兰语、捷克语、保加利亚语、塞尔维亚—克罗地亚语、塞尔维克语、波斯语、迦太罗尼亚语、法语、西班牙语、意大利语、希伯来语、摩洛哥阿拉伯语、巴斯克语等。

在疑问词移位语言中，截省句在介词滞留方面所表现出的与疑问句平行的特征在 Merchant（2001）所考察的语言中具有很高的一致性。基于此，Merchant（2001：92）提出如下形式等同概括之二：介词滞留（form - identity generalization II：preposition - stranding）。

（12）当且仅当一种语言 L 在一般的疑问词移位中允许介词滞留时，该语言 L 的截省句也允许介词滞留。[①]

（三）主谓一致

有形态变化的语言要求主语和谓语动词的数特征保持一致，因此，根据主语位置上的句子成分与句子的主要动词的数特征是否一致，我们可以判断该成分是否是动词的论元。

Ross（1969）指出，解释法无法为（13）中的“主谓”不一

① 原文如下：A language *L* will allow preposition stranding under sluicing iff *L* allows preposition stranding under regular wh - movement.

致现象提供合理解释。在（13）的第二个分句中，假设疑问词短语“which problems”为句子的主语，那么谓语部分应该是复数形式的“aren't clear”，而非单数形式的“isn't clear”。

（13）He's going to give us some old problems for the test, but which problems isn't clear.

（他会拿一些老问题来考我们，但是哪些问题还不清楚。）

在英语中，由小句充当的句子成分在“数”上的表现与单数名词短语相同，因此当主语为小句时，句子的谓语应为单数形式，如：

（14）That Bill left is/ * are tragic.

（比尔的离开是个悲剧。）

（15）Why he did it is/ * are a puzzle.

（他为什么这么做是个谜。）

（16）Being drunk gives/ * give me a kick.

（醉酒给我带来了意想不到的后果。）

在（13）的第二分句中，如果疑问词短语“which problems”的句法结构相当于一个疑问小句，而不是像它表面上看起来的那样，只是一个疑问形式的复数名词短语，那么该疑问词短语与谓语动词在“数”方面的不一致性就可以得到解释。

Merchant（2001：40）通过（17）和（18）的比较也说明了，与截省句谓语保持一致的主语不是疑问词短语“which problems”，而是小句“which problems are solvable”。

（17）Some of these problems are solvable, but which problems is/ * are not obvious.

（这些问题中的一部分是可以解决的，但是哪部分还不清楚。）

（18）Which problems are solvable is/ * are not obvious.

（哪些问题是可以解决的还不清楚。）

以上语言事实可以很好地证明，截省句的句法结构与小句而非疑问词短语等同。

（四）DP/CP 补足语的位置分布

Merchant（2001）指出，在有些语言中，名词词组（包括疑问词短语）充当论元和句子充当论元（包括疑问句）时所处的位置不同，在一定情况下，这些语言的名词论元总出现在谓词一边，而句子论元总是出现在谓词的另一边。如在爱尔兰语、德语、荷兰语和海地语中，名词作论元时位置在动词前（这时，句子的语序为 SOV，爱尔兰语只表现在非限定性句子中，德语和荷兰语只表现在内嵌句中），而句子作论元时位置在动词后（这时，句子的语序为 SVO），Merchant（2001）把这些语言统称为 SO_{DP} VO_{CP} 语言。

以爱尔兰语为例，在非限定性句子中，DP 充当宾语必须在动词的前面，如（引自 Merchant，2001：49－50）：

（19）Rinne　sé　socrú　le　duine　den　dís，
作　他　安排　为/和　人　那　两个
a. …ach níl sé sásta [rud ar bith] a inseacht　dúinn.
但是　不　他愿意［任何事情］告诉（非限定）我们
b. … * ach níl sé sásta a inseacht　dúinn [rud ar bith].

但是 不 他愿意告诉（非限定）我们［任何事情］

（他为那两个人中的一个作了安排，但他不愿意告诉我们任何事情。）

（19）中方括号中的部分"rud ar bith（任何事情）"是 DP 充当的论元，其位置只能在非限定形式的动词"a inseacht（告诉）"的前面。而内嵌小句 CP 必须出现在动词的后面，如：

（20）a. * ach níl sé sásta [caidé a tá ar bun]
但是 不 他 愿意［什么疑问是（进行态）］
a inseacht dúinn.
告诉（非限定）我们
b. ach níl sé sásta a inseacht dúinn
但是 不 他 愿意告诉（非限定） 我们
[caidé a tá ar bun].
［什么疑问是（进行态）］
（但是他不愿意告诉我们发生了什么。）

如果像解释法所分析的那样，截省句是基础生成的非句子论元，那么在爱尔语中，残余疑问词应和一般的名词性论元一样，位置在动词的前面，但实际上，截省句出现在句子的最后，即它处于 CP 论元而非 DP 论元的位置。如：

（21）a. …* ach níl sé sásta [céacu ceann]
但是 不 他 愿意 ［哪个 他们］
a inseacht dúinn.
告诉（非限定） 我们
b. … ach níl sé sásta a inseacht dúinn

但是 不 他 愿意 告诉（非限定）我们

[céacu ceann].

[哪个他们]

（但是他不愿意告诉我们他们中哪一个。）

可见，从截省句在句中的分布位置来看，它的地位相当于一个 CP，而非 DP。以上语言事实可以很好地证明典型的截省句并非基础生成的疑问词短语，其句法结构应分析为一个完整的疑问小句 CP。

（五）动词的选择限制

不难发现，允许带截省句的动词在句法语义上具有某些共同特征。Ross（1969）最早讨论了允许带截省句的英语动词“wonder”对其宾语的一般选择限制，他指出，在深层结构中，wonder 应选择一个内嵌疑问句作其宾语①。

（22） She says she's inviting some men — I wonder how many men?

（她说她要邀请一些男士——我想知道多少男士？）

（23） * I wonder those old men/ the centerfielder for the Cardiac Kids/ your uncle Casimir?

（我想知道那些老先生/心脏病儿童的中场手/你的叔叔 Casimir？）

（23）的不合语法说明，动词 wonder 不能选择名词短语 DP 作

① Ross 还讨论了 wonder 后面带非疑问小句的情况，如：I wonder that you survived. 他认为尽管这里的 wonder 和文中所讨论的 wonder 意义相近，但二者的用法有明显不同，应区别对待。

宾语；而（22）的合法性则说明，截省句“how many men”的完整结构不应该是 DP，而应该相当于一个疑问小句 CP。

Merchant（2001：41）在 Ross（1969）的基础上将允许截省句作宾语的谓词和截省句之间的关系概括为：

（24）只有语义选择疑问句并且句法选择 CP 的谓词才可以允准疑问词短语的截省。[①]

仍以英语动词 wonder 为例，从语义上看，它所选择的补足语（或宾语）包含未知的内容，符合条件的应为疑问句；从句法上看，它只能选择 CP 而不是 DP 作补足语。比较（25a）和（25b）：

（25）a. I wonder {what time it is/ what the answer is/ what he asked/ who's coming}.

（我想知道｛现在是几点/答案是什么/Ben 问的是什么/谁要来｝。）

b. * I wonder {the time/ the answer/ the question}.

（我想知道｛时间/答案/问题｝。）

因此，该动词是一个典型的可以允许带截省句的动词，更多的例子如：

（26）a. Ben wanted to ask something. I wonder what.

（Ben 想问一些事情，我想知道是什么。）

b. Abby said someone's coming to dinner. We' re all

① 原文如下：All and only predicates that s – select questions and c – select CPs allow sluiced wh – phrases.

wondering who.

（Abby 说有人要来参加宴会，我们都想知道是谁。）

［（25）—（26）引自 Merchant，2001：41］

以上事实为英语类截省句的句法结构相当于一个疑问句而非一个疑问词短语提供了有力的证据。同时也说明，在疑问词移位语言中，截省句的形成规则（formation rule）及句法特点与该语言的疑问句具有一致性。

二　典型截省句的生成过程

在对英语截省句的研究中，语音删略途径（PF - deletion Approach）是占主流的解释思路（如 Ross，1969；Lobeck，1995；Lasnik，2005；Merchant，2001，2004，等等）。依据该解释思路，英语截省句的生成包括“移位”和“删略”（deletion）两个步骤。具体来讲，疑问词从其基础位置移位到 CP 指示语的位置，而位置较低的 IP（或 IP）小句在语音层面被删略，从而生成了表面形式只有疑问词短语的截省句。以（1）为例（重写在下面），其生成过程可描写为（27）：

（1）Somebody just left – guess who.

（27）Somebody just left – guess [$_{CP}$ who$_i$ ~~[$_{IP}$ t_i just left]~~.

据此分析，（1）是通过（27）的转换手段由（28）派生而来的，因而（1）与（28）的意义完全等同：

（28）Somebody just left – guess who just left.

下图更加直观地描写了这一过程（见 Merchant，2004：665）：

（29）

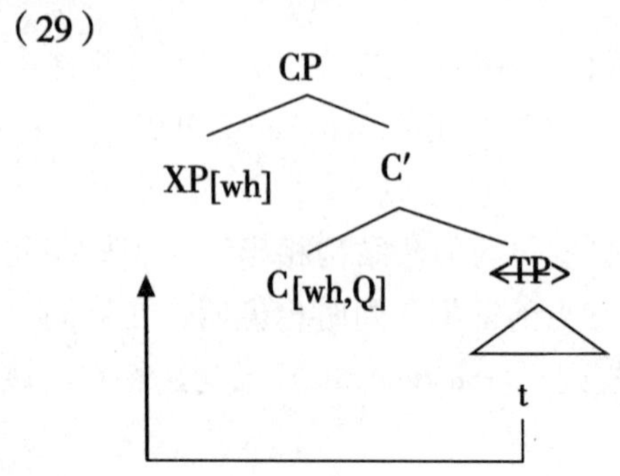

在（29）中，疑问词短语 $XP_{[wh]}$ 从 TP 中的原始位置移至［Spec，CP］的位置，之后的 TP 在 PF 层面被删除，从而生成了表面结构只有疑问词短语的截省句。

通过上面的讨论，我们可以看到，来自经验上和理论上的证据均可以证明，英语及其他疑问词移位语言中所存在的典型截省句是一个经过删略的完整疑问句。Chung（2005）对截省句的如下定义清楚地说明了这一点：

（30）a. 截省是在 PF 层面把一个具有完整语音形式的 IP（fully articulated IP）删略而来的结构，并且在被删略的 IP 中，发生了疑问词的移位；

b. 删略受语义条件的限制，这个语义条件要求先行语 IP（的非焦点部分）和省略的 IP 之间是相互蕴含的关系；

c. 截省结构所省略的 IP 中，每一个词项（lexical item）都与其先行语中的某个词项相同。

（30）分别从语音、句法、语义和词汇几个层面对截省句生成的过程及其语义句法限制条件进行了描写。（30）的概括是建立在如下基础之上的：即截省句被省略部分的是一个具有完整语音形式的 IP。换言之，在（30）的这三个特征中，（30a）是基础。

综合以上讨论，我们可以发现，无论是语言事实，还是以此为基础所作的理论分析，都足以证明：在疑问词可以移位的语言中，把截省句分析为一个省略了 IP 的疑问句是完全合理的。如果我们把英语以及其他疑问词移位语言中的截省句看作是典型的截省句，那么，我们完全可以认为（30a）中的概括正确描写了典型截省句的生成过程。实际上，IP 删略的分析不仅能够解释本节中所提到的各种语言事实，而且也为截省句的另一个显著特征——孤岛修复（island repair）提供了合乎逻辑的解释。

第二节 截省句的孤岛修复作用

Ross（1969）最早发现，英语类截省句受句法限制条件（即句法孤岛）的影响不太显著。Ross 称之为句子“被截省之后最有趣的结果”（the most interesting consequence of sluicing）。如（引自 Ross，1969：276—277）：

（31）并列结构限制（Coordinate Structure Constraint）

a. * Irv and someone were dancing together, but I don't know who Irv and were dancing together.

（Irv 正和一个人跳舞，但我不知道 Irv 正和谁在跳舞。）

b. ? Irv and someone were dancing together, but I don't know who.

（Irv 正和一个人跳舞，但我不知道是谁。）

（32）复杂名词组限制（Complex NP Constraint）

a. * I believe（the claim）that he bit someone, but they don't know who I believe the claim that he bit.

（我相信他迷上了某人的传言，但是他们不知道我相信他迷上了谁的传言。）

b. ? I believe (the claim) that he bit someone, but they don't know who.

（我相信他迷上了某人的传言，但是他们不知道是谁。）

（33）主语从句限制（Sentential Subject Constraint）

a. * That he'll hire someone is possible, but I won't divulge who that he'll hire is possible.

（他要雇用某个人是可能的，但我不会泄露他要雇用谁是可能的。）

b. ? That he'll hire someone is possible, but I won't divulge who.

（他要雇用某个人是可能的，但我不会泄露是谁。）

可以看到，（31）—（33）中的 a 句和 b 句都包含句法孤岛（syntactic island），其中 a 句的第二个分句在形成疑问句的过程中，疑问词的移位跨越了句法孤岛，导致句子不合语法，因此每个句子的 a 句都是不合语法的句子。但相应的截省句 b 则表现出一定程度上的可接受性。说明与相应的完整疑问句相比，孤岛限制对截省句的影响较小。换言之，截省句对孤岛条件的敏感程度要低于相应的非截省句。Ross（1969）对这一现象作出如下解释：

（34）如果一个节点移出了它所在的孤岛，将会产生一个不合法的句子。如果形成孤岛的节点不出现在表层结构中，（在一般情况下）孤岛影响将不太明显。①

① 原文如下：If a node is moved out of its island, an ungrammatical sentence will result. If the island - forming node does not appear in surface structure, violations of lesser severity will (in general) ensue.

Ross（1969）的观点是比较谨慎的，他认为虽然截省句可以在某种程度上补救由于违反孤岛条件而造成的不合语法的句子，但截省句并不是在任何条件下都可以修复这些不合语法的句子，即截省句在一定程度上对孤岛条件还是敏感的，（31）—（33）的 b 句并非完全合乎语法也可以说明这一点。根据 Ross 的看法，与相应的完整疑问句相比，截省句只是异常程度比较小（less deviant）。然而在 Merchant（2001）看来，孤岛条件对截省句的影响基本上不存在，如（引自 Merchant，2001：87—89）：

（35）关系从句岛（Relative clause）

a. * They want to hire someone who speaks a Balkan language, but I don't remember which Balkan language they want to hire someone who speaks.

（* 他们想雇用一个说一种巴尔干语言的人，但是我不记得他们想雇用一个会说哪一种巴尔干语的人。）

b. They want to hire someone who speaks a Balkan language, but I don't remember which.

（他们想雇用一个说一种巴尔干语言的人，但是我不记得哪一种。）

（36）状语从句岛（Adjunct CP island）

a. * Ben will be mad if Abby talks to one of the teachers, but she couldn't remember which（of the teachers）Ben will be mad if she talks to.

（如果艾贝和一个老师谈话，本就会很生气，但是她不记得如果她跟哪一个老师谈话，本会很生气。）

b. Ben will be mad if Abby talks to one of the teacher, but she couldn't remember which.

（如果艾贝和一个老师谈话，本就会很生气，但是她不记得哪一个。)

(37) 主语从句岛 (Sentential subject island)

a. * That certain countries would vote against the resolution has been widely reported, but I'm not sure which countries that would vote against the resolution has been widely reported.

[某些国家将要投票反对这个决议(的消息)已经被广泛报道了,但我不确定哪些国家将要投票反对这个决议已经被广泛报道了。]

b. That certain countries would vote against the resolution has been widely reported, but I'm not sure which ones.

[某些国家将要投票反对这个决议(的消息)已经被广泛报道了,但是我不确定哪些国家。]

(35)—(37)表明,关系从句岛、状语从句岛和主语从句岛对截省句均没有影响。Merchant(2001)把与省略有关的孤岛分成了三类,分别是:语义或者语用上的弱岛、可以在PF层面删除的岛和受命题辖域限制的岛,他把后两类归为句法孤岛。根据Merchant(2001)的分析,孤岛效应产生于句法、语义或语用等不同的层面,因而各种孤岛对省略句的影响也是不同的。这有助于解释Merchant与Ross(1969)的研究结果在一定程度上的分歧。Merchant(2001)把句法孤岛(syntactic island)称为截省句的"强式"(strong)孤岛,这类孤岛包括:关系从句岛、主语从句岛、状语从句岛、内嵌疑问句岛(embedded question)、并列结构限制和左分支条件(left branch condition)等。

为了解释英语截省句对句法孤岛不敏感的特点,研究者们提出了不同的方案。

Chung, Ladusaw 和 McCloskey(1995)(以下简称CLM,1995)提出了非移位的逻辑式复制理论来分析截省句的生成,根据该解释方案，截省句中的空位由基础生成，不存在由于句法移位造成的孤岛违反问题，因而截省句对孤岛不敏感。

Merchant（2001）尽管支持截省句的生成过程包含移位和删略操作，但他并不赞成截省句中的疑问词是从内嵌很深的小句中跨越各种孤岛移出来的，他指出在有孤岛的语境下，只有不违反孤岛限制的局部移位（local movement）发生，因而不存在对孤岛条件的违反。Culicover 和 Jackendoff（2005）持类似的看法，他们认为截省句的完整结构是一个包含疑问词（短语）的小句。

占主流的分析是 Lasnik（2005）、Simpson（2005）、Fox 和 Lasnik（2003）及 Merchant（2008）等提出的“移位 + 删略”方案，该分析方案与 Ross（1969）的思路基本一致。即截省句的生成过程包含疑问词短语的移位，且该移位操作和相应的完整疑问句相同。在包含句法孤岛的情况下，截省句在派生过程中同样会造成对句法孤岛的违反，但发生在 PF 层面的删略操作将违反孤岛的部分删除，从而拯救了整个句子，截省句的这一特点因而也被称作“孤岛修复”（island repair）。“孤岛修复”的提出是建立在语音删略分析基础之上的：通过删除不合语法的部分，使得原来由于违反孤岛条件而不合语法的句子变得可以接受了，换言之，删略操作补救了句子对孤岛条件的违反。

综合本章第一节和第二节的讨论和分析，典型截省句的基本特点可以总结为（38）：

（38）典型截省句的句法结构等同于一个完整的疑问小句，它是在疑问词短语发生移位之后，在 PF 层面将一个完整语音形式的 IP 删略而来的。被删略的 IP 可能包含句法孤岛，因而截省句不受句法孤岛的限制和影响。

但孤岛修复的说法并非没有问题，正如 Merchant（2001）所分析的，既然孤岛修复是语音删略的结果，那么它应该是所有包含语音删略操作的省略结构都具有的特征。然而同样被认为是语音删略而生成的 VP 省略却没有类似的能力。更多语言学家（如 Chomsky，1972；Lasnik，2001；Fox & Lasnik ，2003；Lasnik，2005，等等）采取比较谨慎的立场，认为删略操作会削弱局域（locality）限制的作用。

第三节　原位疑问词语言中的截省句

尽管目前还没有充分的证据表明，原位疑问词语言中也存在典型的截省句。但类似的句式显然存在于原位疑问词语言中，如汉语的例句：

（39）她发现有个学生没参加考试，但还不清楚［哪个学生］。

（40）警察根本就不理我们，不知道［为什么］。

Adams 和 Tomioka（2012）分别从句式结构、残余疑问词的关联语、先行语句和截省句的语态等三个方面的特点阐述原位疑问词语言中的截省句与典型截省句的相似之处。

首先，典型截省句由两个分句构成，截省句位于其中一个分句之内，另一个则被称为截省句的先行语小句（antecedent IP），换言之，截省句的先行语必须是有语言形式的，这一点与 VP 省略不同，后者的先行语可以依赖于谈话环境，而非显性语言形式。

汉语截省句也是如此，如（39）由两个分句构成，截省句位于第二分句之内，第一小句则是其先行语。

反之，如果先行语没有显性语言形式，截省句就是无法接受的。假设在一次考试中，老师查点了人数之后发现少了一个学生，然后说了下面的话：

(41) 还不清楚［哪个学生］。

在这个语境下，(41) 是不可接受的。

其次，在截省句的先行语小句中，通常可以找到残余疑问词的关联语，CLM (1995) 称之为内层先行语 (inner antecedent)。一般情况下，该关联语应为不定名词。汉语也有这个特点，如例句 (39) 中的“有个学生”。(42) 和 (43) 表明，汉语量化名词短语“每个学生”和类指名词“花瓶”不可以做关联语。

(42) ＊李四看到每个学生，但是大五不知道是谁。(引自 Adams & Tomioka，2012：221)

(43) ＊猫撞翻了花瓶，但是大五不知道多贵。

最后，截省句残余疑问词所带的语态必须与先行语的语态一致，英汉截省句皆是如此。如果二者不一致，则会造成不合语法的句子，如：

(44) ＊Someone hit Lisi, but I don't know by whom.

(45) ＊有人打了李四，但我不知道被谁。

此外，Ross (1969) 及 Merchant (2001) 都谈到了允许截省句作宾语的谓词的特点，指出“只有语义选择疑问句并且句法选择 CP 的谓词才可以允准疑问词短语的截省”［同 (24)］。符合条件的英语动词有“guess”“wonder”“know”等；汉语中相应的动词 (组) 分别是“猜 (猜)”“想知道”“知道”等，这些动词在选择宾语方面与英语类似，而这些词也都是可以带截省句的动词。关于这一点，我们将在第五章详细讨论。

以上证据表明，汉语截省句与英语截省句之间有一些基本的相似点，这至少证明，汉语中存在与典型截省句类似的句式。

但另一些语言事实却表明，汉语以及其他原位疑问词语言中的截省句与英语中的典型截省句是有区别的。最明显的不同是，很多原位疑问词语言截省句的表面形式除了残余疑问词之外，通常会有一个系动词伴随出现，而英语截省句的表面形式中却没有系动词。此外，汉语截省句还表现出疑问副词和疑问代词的不对称性。在孤岛敏感性方面，英汉截省句也存在差异。如 Wei（2011）指出，汉语截省句不受左分支条件（left branch condition）的影响，而英语截省句则受左分支条件的影响。

因此，尽管在原位疑问词语言中也存在着与典型截省句相似的句式，但其个性特征也是很明显的，二者之间的差异从根本上说源自于疑问句的不同类型。前文分析了典型截省句的孤岛修复能力，它可以被看作是截省句最重要的句法作用，但对汉语截省句孤岛敏感性的初步考察可以发现，至少对于部分孤岛来说，所谓的“孤岛修复”在汉语中是不存在的。下面，我们以关系从句岛为例，比较英汉截省句在孤岛修复能力方面的差异［（46）=（35）］：

（46）a. * They want to hire someone who speaks a Balkan language, but I don't remember which Balkan language they want to hire someone who speaks.

b. They want to hire someone who speaks a Balkan language, but I don't remember which.

（47）a. 他们想雇用一个说巴尔干语的人，但是我不记得他们想雇用会说哪一种巴尔干语的人。

b. 他们想雇用一个说巴尔干语言的人，但是我不记得（是）哪一种。

（47）是与（46）相应的中文句子。正如前面分析所显示的，（46a）不合语法是因为疑问词短语“which Balkan language”的移位跨越了关系从句限制，（46b）则显示截省句可以修复这一孤岛。

通过比较我们可以发现，汉语截省句（47b）虽然也不受句中关系从句岛的影响，但我们不能就此断言汉语截省句也具有孤岛修复能力，因为与其相应的非截省句（47a）本身也是一个合乎语法的句子。这是因为汉语疑问句的疑问词在显性句法层面并没有发生移位，因此包含关系从句的（47a）是合乎语法的汉语句子。

显然，英汉截省句在孤岛修复敏感性方面表现出的差异仍然与疑问词在是否显性移位有关。可以说，对截省句的所有研究都无法避开疑问词的移位的问题。Merchat（2001）所考察的三十多种语言的疑问句类型相似，即它们都是含疑问词移位语言。而对于原位疑问词语言，他在专门附加的一节里指出：“日语和汉语的语料表明，在这些语言中，表面看起来属于截省句的句式具有不同的派生过程，它与那些存在显性疑问词移位语言的截省句的派生过程不同，后者由移位和删略而生成。”（Merchant，2001：84）

第四节　原位疑问词语言截省句研究

既然典型截省句的语言类型基础是疑问词的显性移位，如果截省句确实是一种跨语言的现象，具有同样的内部句法结构，我们自然可以假定汉语及其他原位疑问词语言的截省句也属于 IP 省略。但是当我们按照对英语截省句的分析思路来分析汉语及其他原位疑问词语言时，首先碰到的问题是，如果原位疑问词语言的截省句的派生经历了移位和删略的过程，那就必须回答：为什么在这些语言中，疑问词只在截省句中移位，而在其他的疑问句形成过程中不移位呢？

从句法角度解释原位疑问词语言的截省句，逻辑上可以有两种做法：第一，坚持“移位 + 删略”的思路，证明这些语言的截省句在生成过程中也发生了疑问词的移位。第二，放弃“移位 + 删略”的思路，证明这些语言中的截省句不同于典型的英语截省句，因而其生成过程与英语不同。

有关原位疑问词语言截省句的研究开始于 20 世纪 70 年代，Inoue（1976）最早提供了日语截省句的语料。20 世纪 90 年代以后，对日语、汉语、韩语等语言中截省句的研究逐渐增多。这些研究思路总体上可分为句法途径和语义途径两种，其中以句法途径为主要研究思路。这些研究思路可以归纳为“移位说”“分裂结构说”和“假截省句说”三种。“移位说”继承了“移位 + 删略”的研究思路，主张原位疑问词语言截省句与英语截省句具有相似的生成过程；而“分裂结构说”和“假截省句”说则放弃了“移位 + 删略”的研究思路，主张原位疑问词语言中的截省句具有不同于英语的句法结构。

本小节将对以上三种解释思路进行评介，并简要分析这些研究思路对汉语截省句的解释力。

一　移位说

有些学者秉承“移位 + 删略”的思路来解释原位疑问词语言的截省句。由于这些研究思路都涉及疑问词的移位，可统称为“移位说”。根据疑问词移位驱动因素以及移位成分的不同，“移位说”可分为“显性移位说”“焦点移位说”和“谓语前置说”。

（一）显性移位说

Saito（1989）指出，日语的疑问词虽然不发生显性移位，但却会爬升（scrambling）。Takahashi（1994）区别了疑问词移位和爬升，指出前者不能引起歧义，后者却会引起歧义，进而将能否引起歧义作为区分疑问词移位和爬升的手段，在此基础上证明了日语截省句的疑问词会发生显性移位而非爬升。同时他还考察了日语和英语的截省句在非孤岛敏感性（island insensitivity）方面表现出的相似特征，最终得出结论，认为日语的截省句和英语一样都是经过移位和删略而生成的。

按照 Takahashi 的分析，日语截省句的疑问词移位所至的落脚点（landing site）和英语一样，也是［Spec，CP］，如此分析在理论上有利于维护语法的普遍性特征，但却会与日语的疑问词通常不移位的经验相悖，因此这一观点所得到的支持甚少。

（二）焦点移位说

一个明显的事实是，很多原位疑问词语言的截省句中都会强制性地或自由地出现系动词，如汉语的“是”、日语的“da”“ka”、韩语的“inci”、土耳其语的“le”和马尔加什语的“hoe”等。由于系动词在这些语言中同时也可以充当焦点标记，作焦点短语的核心语，根据省略的允准条件（Licensing Condition）①，焦点短语的核心语可以允准省略。如果能够证明疑问词受焦点驱动发生了移位（以下简称“焦点移位”）而到达高于 IP 的一个句法位置，自然就可以对截省句的生成过程作出解释，这是“焦点移位说”的基础。持此观点的学者主要有 Kim（1997）、Hiraiwa 和 Ishihara（2001）、Wang（2002）、Wang 和 Wu（2006）、Chiu（2007）、Adams（2003）、Ince（2012）等。

Kim（1997）认为，在日语中，焦点短语 FP 是位于 CP 和 IP

---

① 允准条件规定，功能性成分的核心语是潜在的管辖者，具有允准省略的能力。详见 Lobeck（1995）及 Lobke（2010）等。

之间的一个功能性短语，他在最简方案的框架下用特征核查的办法对日语截省句的生成过程作出如下解释：截省句疑问词同时带有弱的疑问特征［+wh］和强的焦点特征［+focus］，后者是疑问词本身的词汇特征，为了核查掉这一强特征，疑问词要移位到焦点短语指示语（即［Spec，FP］）的位置，通过指示语和核心语之间的一致关系（spec-head agreement），使其［+focus］特征得以核查并消去，而 FP 的补足语 IP 则在语音层面被删除。Hiraiwa 和 Ishihara（2001）持类似看法，只是技术细节略有不同。他们认为，焦点短语 FP 位于 CP 之上，疑问词受焦点特征的驱动移动到焦点短语的指示语位置之后，CP 的补足语 IP 被删除。其中，充当 CP 核心语的是名词化成分"no"，充当焦点短语核心语的是自由出现的系动词"da"。如（48）中截省句的生成过程为（49）：

（48）Taro-ga nanika-o katta ga，boku-wa［nani-o（da）ka］sira-nai.

Taro-主格 某东西-宾格 买 但是 我-话题［什么-宾格（系动词）疑问标记］不-知道

［Taro 买了某件东西，但是我不知道（是）什么。］

（49）

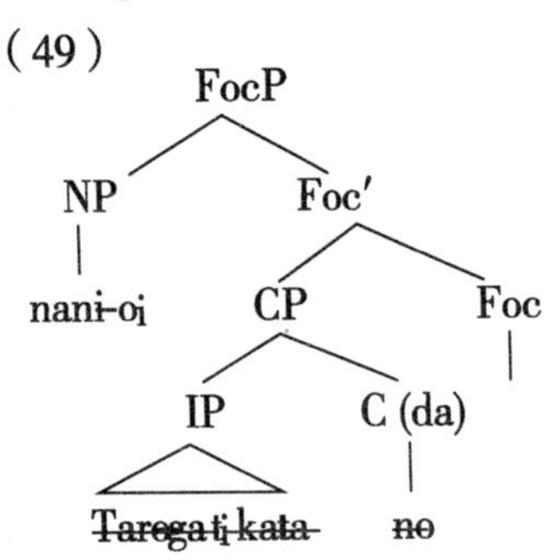

汉语截省句与系动词"是"的关系也很密切，目前的多数研究（如 Wei，2004；Wang，2002；Wang & Wu，2006；Adams &

Tomioka，2012，等等）认为，“是”在截省句中的分布规律如下：当残余疑问词（wh - remnant）为简单形式的论元疑问词“谁”和“什么”时，“是”的出现是强制性的，否则是非强制性的，如：

（50）盒子里好像装着东西，但我们无法知道 *（是）什么。

（51）有人偷走了他的电动车，而且他知道 *（是）谁。

（52）张三决定辞职，没有人知道（是）为什么。

（53）他准备周三下午跟两个学生见面，但还没确定（是）哪两个。

Wang（2002），Wang 和 Wu（2006）对汉语截省句的分析与 Kim（1997）对日语的分析类似。他们认为汉语疑问词不可以受疑问特征的驱动而产生移位，但可以受焦点特征的驱动而产生移位。与日语截省句不同的是，除了焦点移位，汉语截省句的生成还包括了焦点标记“是”由 FocP 核心语向 CP 核心语的移动。根据该解释思路，（50）的生成过程为（54）：

（54）盒子里装着什么东西，但我们无法知道 [$_{CP}$ 是$_j$ [$_{FocP}$ 什么$_i$ [$_{Foc}$ t$_j$ [$_{IP}$ 盒子里装着 t$_i$]]]]。

在（54）中，残余疑问词“谁”从小句主语的位置移到了焦点短语的指示语位置，而焦点标记“是”从焦点核心语的位置移到了 CP 核心语的位置。这样就保证了在线性序列中，“是”总是出现在疑问词的右侧。至于“是”的强制性出现，Wang 和 Wu（2006）的解释是为了给没有格的论元赋格。

Adams 和 Tomioka（2012）及 Li 和 Wei（2014）分析了“焦点移位说”存在的问题。概括起来，这些问题主要存在于以下三个方面：（1）不能合理地解释为什么“是”在“什么”及“谁”前面强制性出现，而在其他疑问词前面自由出现；（2）汉语疑问词移位后往往会产生不合法的句子，因此在删略操作之前，会出现不合法的疑问句，而相应的截省句却是合法的，因此“焦点移位说”会把一些合法的截省句预测为不合法。（3）不能解释为什么当残余疑问词为“怎么”时，汉语截省句不合法。如（55）：

（55）*孩子爬上了窗户，妈妈不知道是怎么。

（比较：孩子爬上了窗户，妈妈不知道孩子是怎么爬上了窗户。）

无论“焦点移位说”是否能够解释汉语截省句，采用这一思路来解释其他原位疑问词语言的并不少见。除了以上提到的针对日语的研究，Ince（2012）对土耳其语截省句的研究也采用了同样的思路，Ince 的主要依据是在一些原位疑问词语言（如马尔加什语、图皮语和印度尼西亚语等）中，当 CP 核心语的位置上有一个焦点标记词时，疑问词会移位至 C 的辖域内。此外，Adams（2003）对爪哇语的研究以及 Chiu（2007）对韩语的研究也都采用了类似的思路。

（三）谓语前置说

Paul 和 Potsdam（2012）对马尔加什语[①]的截省句进行了研究，并指出该语言截省句的生成过程为“疑问词谓语前置（wh - predicate - fronting）+TP 删略”。这一分析的基础是马尔加什语的基本语序为 VOS，位于句首的句法位置是谓语位置（尽管句首可以出

① Paul 和 Potsdam（2012）认为，尽管马尔加什语也部分存在疑问词移位现象，但从疑问句的构成来看，它实际上是一种原位疑问词语言。

现的不一定只是VP，疑问词也可以位于这一位置），因此该语言也可被称作谓语句首型语言。目前的很多分析认为南岛语族（包括马尔加什语）的VOS句型由基础结构SVO经过谓语前置（predicate – fronting）而来。Paul和Potsdam为其结论提出了两个事实依据：其一，出现在谓语之前的情态动词tokony（应该）及tena（确实）也可以出现在残余疑问词之前；而位置在谓语之后的浮动量词daholo（都）和副词foana（总是）则出现在残余疑问词之后。其二，只有可以充当谓语的疑问词才可以充当残余疑问词。该文指出马尔加什语和汉语、日语以及爪哇语的截省句具有不同的生成过程，前者不存在疑问词的移位以及删略操作，而马尔加什语的截省句包含删略过程，在一定程度上更接近英语的截省句。

二　分裂结构说

有学者提出原位疑问词语言中的截省句由分裂句（cleft sentence）或假分裂句（pseudo – cleft sentence）经删略派生而来，我们暂且称之为分裂结构说。分裂结构是典型的焦点化结构，它用结构化的方式将句子分为焦点和预设两个部分。以汉语为例，在（56）中，句子（56a）的不同成分均可以被聚焦而成为句子的焦点。紧邻焦点标记“是”之后的成分是焦点，其余部分为预设。根据聚焦手段的不同，可以有分裂句和假分裂句两种形式（汉语中，宾语焦点化的结构（56e）为假分裂句，其他各句为分裂句）。

（56）a. 小张昨天见到了小王。
b. 是小张昨天见到了小王。
c. 小张是昨天见到了小王。
d. 小张昨天是见到了小王。
e. 小张昨天见到的是小王。

根据“分裂结构说”，（57a）中的截省句是由（57b）对先行语焦点化为分裂句之后再经删略而生成。

（57）a. 有人昨天见到了小王，但我们不知道是谁。

b. 有人昨天见到了小王，但我们不知道是谁昨天见到了小王。

持此观点的学者以日语研究者居多，如 Shimoyama（1995）、Nishiyama（1995）、Kawabara（1996）、Kizu（1997）、Fukaya 和 Hoji（1999）、Fukaya（2003）等。以上学者的观点并不完全一致，如 Fakaya 和 Hoji（1999）及 Fukaya（2003）采用混合的解释途径，认为日语中带有格标记的截省句由省略的分裂结构派生而来，而不带格标记的截省句则是一种系动词结构（copula structure）；但这些学者都注意到了日语截省句与分裂结构之间的关系。由于日语的截省句和分裂结构中相应的部分在格标记上具有相似的表现，因此在对日语截省句进行的研究中，“分裂结构说”是占主流的方法。

有些分析也扩展到了汉语。如 Kizu（1998）比较了日语、汉语及韩语的分裂句和截省句的相似之处，即系动词在这两种句式中都必不可少。如汉语的句子（Kizu，1998）：

（58）a. 是树枝我看见掉到屋顶了。

b. 每个人都说张三爱上了什么人了，可是没人知道 *（是）谁。

（58a）和（58b）分别为汉语的分裂句和截省句，两个句子均包含系动词“是”。基于这一语言事实，Kizu 提出截省句中的疑问词和系动词是分裂句经过删略之后的残余成分，并指出原位疑问词语言中的截省句皆由分裂句派生而来。

但“分裂结构说”并不足以解释汉语截省句，且不说（58a）对于汉语母语者来说实非自然表达；在汉语中，主语可以焦点化为分裂句或假分裂句，宾语只能焦点化为假分裂句，但主语和宾语的这一不对称在截省句中却不存在，比较：

（59）a. 有人在电影院看到了张三，但我不知道是谁。
b. 张三在电影院看到了一个人，但我不知道是谁。

根据“分裂结构说”，（59a）应由（60）经过删略而来：

（60）有人在电影院看到了张三，但我不知道是谁在电影院里看到了张三。

句中被删除的部分“在电影院里看到了张三”是旧信息，读音比较弱，有可能会在语音层面脱落，从而生成（59a）中的截省句。这样的分析似乎也合理，但由于宾语的聚焦方式和主语不同，（59b）的派生过程应是（61）：

（61）张三在电影院看到了一个人，但我不知道张三在电影院里看到的是谁。

句中被删略部分是“张三在电影院里看到的”，而先行语是“张三在电影院里看到了”，违反了句法等同条件（identity condition）[①]；此外，（59b）删除的是一个名词性“的”字短语；而（59a）删除的却是一个谓词性词组，这是两种不同性质的删略。

---

① 句法等同条件规定被省略的成分应与其先行语在句法上等同。

当残余疑问词为附加语时，情况更为复杂。如：

(62) 张三见过小王，但我不知道（是）什么时候。

在（62）中，残余疑问词在先行语句中没有显性关联语，如果要把先行语句焦点化，并派生出相应的截省句，需要为残余疑问词短语构造出一个相应的位置。其派生过程应为（63）：

(63) 张三见过小王，但我不知道张三是什么时候见过小王。

很显然，（63）中被删略的部分并非连续的句法成分，这违反了删略操作的要求，因为“没有任何省略理论能够合理地解释如下现象，即一个语符串中间的部分具有语音形式，而它左右两侧的部分却被删略了”。（Ince，2012：249）

此外，“分裂结构说”也无法解释汉语截省句中的“是”为何有时强制性出现，有时自由出现，因为在分裂句或假分裂句中，“是”的出现都是必不可少的。

三 假截省句说

有学者认为原位疑问词语言中的截省句有别于典型的截省句，而类似英语的假截省句（pseudo - sluicing）。如 Adams（2004）指出汉语和日语这样的语言在 CP 位置缺乏可以允准 IP 省略的一致性特征，不具备 IP 删略的基本条件，因而这类语言总没有真正的截省句，只有假截省句。我们暂且把该观点称为“假截省句说”。

持“假截省句说”的学者基本上都认为，原位疑问词语言中的截省句中包含一个基础生成的空代词形式（pro - form），其基本结构为“pro +（系动词） + 疑问词短语”，因此该思路也可称为

“空代词形式说”。显然，这是一种非删略的思路。

主张“假截省句说”的学者主要有 Nishiyama（1995）、Nishyama，Whitman 和 Yi（1996）、Sohn（2000）、Wei（2004）、Adams（2004）及 Adams 和 Tomioka（2012）等。相应的研究对象分别为日语、韩语和汉语等，这三种语言都是代词脱落（pro - drop）型语言，它们的主语可以由空代词充当，这一特点是该思路的基本事实依据。

根据对截省句内部句法结构的不同分析，“假截省句说”又可以区分为“系动词结构说”和“谓语化结构说”。

（一）系动词结构说

Nishiyama（1995），Nishyama、Whitman 和 Yi（1996）认为日语截省句并非普通的疑问句，而是一种系动词结构。主要证据是：在一般情况下，日语处于内嵌句位置的疑问句不允许系动词出现，但截省句却可以，比较：

（64）a. boku - wa dare - o John - ga aisiteiru（ * da）ka wakaranai.

我—话题　谁—宾格 约翰—主格 喜欢 系动词 疑问标记 知道—不

（我不知道约翰喜欢谁。）

b. Minna - wa John - ga dareka - o aisiteiru to otta ga.

每个人—话题 约翰—主格 某人—宾格　喜欢　标句词 说 但是

boku - wa（sore - ga）dare - o（da）ka　wakaranai

我—话题 它—主格 谁—宾格 系动词 疑问标记 知道—不

（每个人都说约翰喜欢某个人，但是我不知道

（它）（是）谁。）

此外，Nishyama 等发现日语一些方言中截省句残余疑问词的显性格标记与分裂句中相应的格标记之间具有平行关系；而后者是一种系动词结构。基于以上证据，Nishyama、Whitman 和 Yi（1996）指出，日语的截省句由一个空主语（省略的代词“sore（它）”）和一个自由出现的系动词以及一个与关联语具有同样格标记的疑问词短语所组成。

与 Nishiyama 等人的观点相似，Sohn（2000）也指出韩语的截省句是一个由显性代词（kukey/kukes）或空代词作主语的系动词结构，如：

（65）con－i ecey mwuenka－lul sasstako tuless－nuntey，na－num

John—主格 昨天 什么 买—标句词 听说—情状，我—话题

[（Kukey/kukes－i）mwues－inci] molukessta

它—主格 什么—疑问—系动词 不知道

（我听说约翰昨天买了什么东西，但是我不知道（它）是什么。）

根据 Sohn（2000），韩语的截省句由空代词、强制出现的系动词和疑问词短语构成。Sohn（2000）和 Nishiyama 等人对日语和韩语截省句分析的差别源自于日语和韩语截省句中系动词出现的规律不同，前者自由出现，后者则强制出现。尽管 Sohn 认为韩语截省句中显性代词和空代词做主语没有差别，但 Park（2001）却指出了韩语中空代词与显性代词作截省句主语的不同，并进一步指出韩语截省句的空主语并非空代词 pro，而是一个省略了的分

裂句。

Park 和 Nishyama 等人的分析也说明“系动词结构说”与“分裂结构说”之间有一定的联系。

（二）谓语化（predication）结构说

Wei（2004）和 Adams（2004）分别指出汉语截省句是一种假截省句，其结构中包含一个由空代词充当的主语。其中 Wei（2004）详细讨论了把汉语截省句分析为谓语化结构的合理性。他指出汉语截省句由名词性空代词（nominal pro）或事件性空代词（event pro）及有一定隐现规律的“是”和疑问词（短语）所构成。其中“是”是否强制出现依赖于残余疑问词是否可以独立作谓语。Wei 认为，在句子中充当论元的光杆疑问词“什么”和“谁”不可以独立作谓语，除此之外的疑问词短语都可以独立作谓语。“是”在“什么”和“谁”前面强制性出现，是为了帮助残余疑问词短语实现谓语化，这时，它是一个系动词；“是”在谓语性疑问词短语前可以选择性出现，如果出现，则会增加疑问词的焦点意义，这时，它是一个焦点标记。

Wei 的分析比较合理地解释了“是”在汉语截省句中的隐现规律，尽管 Wei 对汉语的分析与 Nishiyama 等人对日语及韩语的分析有相似之处，但 Wei 对空代词的意义和对系动词功能的解释上与 Nishiyama 有明显不同：Nishiyama 等人及 Sohn 把日语和韩语截省句中空代词的指代分析为一个命题，这样的分析与“分裂结构说”的分析比较相似；而 Wei（2004）则从句法和语义上分别对空代词的所指进行了说明：如果空代词被一个显性的名词性先行语所控制，那么它是名词性的；如果空代词可以解释为一个谓语的语义函数（semantic function），那么它是事件性的。此外，在 Wei 对汉语的分析中，截省句首先是一种主谓结构，而非系动词结构。

Wei 对于汉语截省句的解释充分考虑到了汉语的类型学特征以及汉语截省句本身的特点，是汉语截省句的重要研究成果，但其研究仍然有需要进一步解决的问题。

首先，尽管 Wei 指出名词性空代词的所指可以通过“话题—述题”的关系得到说明，但这一所指关系是如何与先行语相联系并得到实现的并没有作出具体解释。

其次，Wei 认为，事件性空代词是先行语中谓语的一个语义函数，其意义可以解释为“……的原因/地点/时间”等，如：

(66) 张三出事了，但我不知道［pro（是）什么时候］。(Wei，2004：167)

Wei 认为这里的空代词可以解释为“张三出事的时间”，但是这样一来，“是”就成了一个表示等同关系的系动词，而不是焦点标记。在相应的完整疑问句中，这一系动词是不可缺少的，比较：

(67) a. 这个城市最近发生了地震，但我不知道（是）什么时候。

b. 但我不知道这个城市最近发生地震的时间 *（是）什么时候。

(68) a. 那个小姑娘在哭，但我不知道（是）为什么。

b. 但我不知道那个小姑娘哭的原因 *（是）为什么。

如果把 a 组句子中省略的事件论元解释为 b 组句子中的“……的时间/原因”，那么“是”是必不可少的，而相应的截省句中“是”的出现却是自由的。

总的来看，Wei（2004）的分析对汉语截省句事实的描写是比较全面的，他用谓语化来解释“是”在截省句中的强制性出现也很有说服力，但名词性空代词的所指以及事件性空代词与相应显性代词之间的不同特点尚需作出进一步说明和解释。

Adams 和 Tomioka（2012）继承了 Adams（2004）及 Wei（2004）的观点，进一步分析了名词性空代词和事件性空代词的句法特点和语义内容。该研究把 Wei（2004）所定义的名词性空代词的语义分析为一个 E—类代词（E - type pronoun），并采用 Heim 和 Kratzer（1998）的办法对该代词的语义进行了描写；而对于事件性空代词，Adams 和 Tomioka（2012）把它看作是一个命题的论元，或称为句子性空代词（sentential pro）。

Adams 和 Tomioka（2012）的研究在一定程度上克服了 Wei（2004）的局限，可以看作是“谓语化结构说”的进一步发展和完善。

总体看来，由于“假截省句说”不涉及疑问词移位，因而可以很好地解释汉语截省结构对各种孤岛不敏感，甚至不受左分支条件影响（参见 Wei，2011）的特点。因此对汉语而言，“假截省句说”具有较强的解释力。更多关于假截省句分析的讨论可参见本书第六章。

通过介绍和分析有关原位疑问词语言截省句的主要研究思路，我们发现：（1）各种语言中都有表面形式相似的截省现象，但截省句的生成并非只有移位和删略这一种手段。在对原位疑问词语言截省句的研究中，多数观点否认这些语言的截省句在生成过程中存在删略。（2）就原位疑问词语言而言，尽管这些语言的疑问句类型相似，且截省句与系动词有一定的关系，但其个性特点也很明显，如有的语言截省句中系动词强制出现（如韩语），有的语言中系动词自由出现（如日语），有的语言介于二者之间（如汉语）。因此，同样是非删略的思路，“分裂结构说”更适合日语，“假截省句说”更适合汉语。

小　结

典型的截省句是存在于疑问词移位语言中的一种省略句式，其内部结构相当于一个完整的疑问句，在截省句的派生过程中，疑问词从其基础位置移至句首位置，然后在语音层面将句法位置较低的小句 IP 删略，从而生成了表面形式只有疑问词短语的截省句。疑问词的移位如果违反句法孤岛，将会造成句子不合语法，但语音层面删略操作将这些不合法的部分删略，从而使得句子合法，截省句在生成过程中的这一效果被称作孤岛修复，它解释了为什么截省句可以不受各种句法孤岛的限制。

由于对典型截省句的解释是建立在疑问词移位基础之上的，因此，对于汉语这样的原位疑问词语言中的截省句的解释就成了截省句研究中的重要课题。通过比较，我们可以发现，尽管汉语及其他原位疑问词语言中的截省句与典型的英语类截省句之间存在共同之处，但其差异也是很明显的。比如在这些语言的截省句中，系动词可以自由或强制性地与残余疑问词同现，而这一特点在典型截省句中却不存在。

由于“疑问词移位＋语音删略”的分析方法很难解释原位疑问词语言截省句的派生过程，学者们提出了各种针对原位疑问词语言的研究思路，这些研究思路主要总体上可以区分为“移位说”“分裂结构说”和“假截省句说”等三种。对于汉语截省句而言，“假截省句”在解释汉语事实方面具有明显优势。尽管“假截省句”分析充分考虑了汉语的类型学特征及汉语截省句的特点，但仍然存在一些难以解释的语言现象。为了更好地认识汉语截省句并提出更合理的解释，我们将在第五章对汉语截省句进行全面考察。

第五章

汉语截省句的特点

第四章我们初步考察了原位疑问词语言截省句的分析方法，指出“假截省句分析”比较适合汉语截省句，但并未细致讨论其合理性，以及它是否能够解释汉语中各种类型的截省句。事实上，只有在对汉语截省句的句法特点进行细致描写的基础上，才能找到更多的事实依据来判断一种分析方案是否合理。

为了全面认识汉语截省句，本章将对汉语截省句的主要特点进行描写，主要内容包括：汉语截省句的类型、汉语截省句主句动词的选择限制特点及截省句的句法功能、汉语截省句在孤岛敏感性方面的特点、汉语截省句中的“是”等几个方面。

第一节　论元型截省句与非论元型截省句

分类是研究的第一步，陆俭明先生（2003：27）指出，“没有分类就没有科学”。对于一个具体的研究对象也是如此，对汉语截省句进行分类至少有两个好处：首先，便于我们将汉语截省句最大范围地包括进本书的研究之中；其次，便于澄清术语，使下文陈述更加清晰。

从不同的角度依据不同的标准，截省句可以区分为不同的类型。下面我们以（1）和（2）为例来给汉语截省句进行初步的分类。

（1）刚才有人找你，你猜［是谁］。

（2）他坚持要辞职，但没有人知道［为什么］。

根据截省句中残余疑问词的句法地位不同，我们可以把截省句区分为论元疑问词型截省句和非论元疑问词型截省句，分别简称论元型截省句和非论元型（或附加语型）截省句。上例（1）属于前者，（2）属于后者。

根据残余疑问词的内部结构简单或者复杂（包括带有修饰成分的疑问词和疑问词作介词短语两种情况），可以把截省句分为简单疑问词型和复杂疑问词（或疑问词短语）型两类，分别简称简单型截省句和复杂型（或短语型）截省句。例句（1）属于前者，（2）属于后者。

此外，根据截省句关联语是否在先行语小句中出现，还可以把截省句分为显性关联语型（overt correlate）和隐性关联语型（covert correlate）两类。例句（1）中截省句的关联语为“有人”，而（2）中没有相应的关联语。因此，（1）属于前者，（2）属于后者。

在关联语为隐性的情况下，汉语论元型截省句不合法，而非论元型截省句合法。如：

（3）＊他在阅读，但我不知道是什么。

因此，我们将以上几个分类标准相互搭配，可以把汉语截省句分为以下四种类型，即：简单型论元截省句、复杂型论元截省句、简单型非论元截省句（包括关联语为隐性和显性两种情况）

和复杂型非论元截省句（包括关联语为隐性和显性两种情况）。[①]

（一）简单型论元截省句

（4）有人来抬我，也不知道［是谁］。（CCL 语料库）

（5）程先生话不多，章先生话很多，他还给了主席两三张纸条子，不知道［是什么］。（同上）

（二）复杂型论元截省句

（6）他让窑窑先下来，然后把牛皮纸袋交给嘉和，一边说捧好捧好。嘉和不知道［什么东西］。（《筑草为城》）

（7）季梦寒点点头，笑道："别忘了爹有事找你，不知道［什么事］。"（柳残阳《魔箫》）

（三）简单型非论元截省句

（8）运涛说："老人们说定了，想巴结兄弟念念书，可不知道［怎么样］?"（BCC[②]）

（9）"然后你肯定就要离开这儿，到别处去。""什么别处?""我也不知道［是哪儿］"。（川端康成《河边小镇的故事》）

（10）狄克他们打我，欺负我。我要到很远很远的地方去碰碰运气，还不知道［是哪儿］呢。（狄更斯《雾都孤儿》）

---

① 句子中的"是"暂时不作为区别因素，关于"是"的隐现规律，我们会在接下来的部分重点讨论。

② 即北京语言大学汉语语料库，以下简称 BCC。

（四）复杂型非论元截省句

（11）我听说他要走，但是不知道［什么时候］，坐这趟车走吗？（托尔斯泰《安娜·卡列尼娜》）

（12）她都安排好，况且现在为时尚早，过了元旦才去，又不知道［哪一天］。（BCC，港台文学）

第二节 主句动词的选择限制与截省句的句法功能

从表面形式上看，汉英截省句至少在三个方面有相似特征，即：(i) 整个截省结构由两个独立的句子构成，截省句是其中一个分句的内嵌小句；(ii) 残余疑问词的显性关联语通常是一个不定名词；(iii) 先行语句和截省句的语态必须一致（详细的讨论可参见本书第四章第三节）。除了以上表面形式上的特征之外，汉英截省句在主句动词选择限制性方面也表现出相似性，这表明汉语截省句的句法功能与英语截省句是一致的。

本书第四章讨论了在有形态变化的语言中，允许选择截省句作补足语的主句动词在句法语义上的特点。Merchant（2001：41）在 Ross（1969）的基础上将允许截省句作宾语的谓词的句法语义概括为：

（13）只有语义选择疑问句并且句法选择 CP 的谓词才可以允准疑问词短语的截省。［=第四章（24）］

观察汉语的情况，我们发现可以选择截省句作宾语的动词在句法语义上也具有类似的特点。下面我们以最常见的几个可以带截省句的动词为例，分析这些动词的选择限制特点。

可以带截省句作宾语的典型动词的语义通常都与认知有关，如：知道、记得、清楚、理解、确定、明白、猜（猜）等，当这些动词［除了“猜（猜）”之外］出现在否定的语境中时，其所带的宾语小句以疑问句为主，如：

（14）那证人惊异地望着伯爵。“什么！”他说，“伯爵阁下不知道他买的房子在什么地方吗？”（《基督山伯爵》）

（15）八廓街的许多居民都认识这个待人和气的修钟表老头，却已不记得他为当地人修了多少钟表。（BCC，报刊）

（16）这家伙显然从今晚的投资洽谈中达到了他的某种目的，尽管我么，不清楚他从中得到了什么。（BCC，《都市男女》）

（17）“我比她漂亮得多，”她继续说道：“就是不理解你为什么偏偏对她更好一些。”（米切尔《飘》）

（18）我听到常慧进来报告，就已知道你并不是夏子清，但当时我还不确定你是谁。（东方玉《剑公子》）

（19）我实在是不明白女生为什么要花这么庞大的一笔钱来和自己的头发过不去。（CCL）

（20）有的猜是去丹东鸭绿江畔，还有的猜是去齐齐哈尔，但都不对。你能否猜猜他们要去哪里呢？（《海峡生活报》2004 年 7 月 14 日）

考察截省句主句动词的选择限制特点，是为了确定截省句中的疑问词究竟是一个基础生成的疑问词短语还是一个疑问句。如果能够证明这些动词只能选择 CP 而不是 DP 作宾语，那就可以说明截省句内部结构是 CP，而非疑问词短语。下面我们以“知道”和“记得”为例，分析这些动词对宾语的选择限制特点。比较：

（21）a. 我知道这个人。
b. 我知道这个人是谁。
（22）a. 我记得这件事。
b. 我记得这件事是什么时候发生的。

（21b）和（22b）表明，“知道”“记得”这两个动词都可以选择完整的疑问句 CP 充当其宾语。换言之，这两个动词可以在语义上选择疑问句并且在句法上选择 CP。因此，它们可以满足（13）对截省句主句谓词的要求。但（21a）和（22a）也表明，“知道”和“记得”同时也可以选择 DP 作宾语。因此还不能断言“知道”和“记得”后面所带的疑问词短语在基础结构中究竟是一个 CP 还是 DP。

然而进一步观察可以发现，“知道”和“记得”选择 DP 作宾语与选择 CP 作宾语的词汇意义有所不同，如：“知道”选择 DP 时，其语义上选择的是某个具体的个体，（21a）中，“知道”的意义和“认识”相近。而选择 CP 时，其语义上选择的是一个事态或者事件，（21b）中，“知道”的意义在于了解小句主语“这个人”的身份。

实际上，截省句的意义正是一种事态或者事件。我们完全可以设想（21b）和（22b）分别是（23）和（24）可能的回答：

（23）你知道这个人是谁吗？
（24）你记得这件事是什么时候发生的吗？

其中“这个人是谁”是一个包含未知因素的事态，而“这件事是什么时候发生的”的是一个包含未知因素的事件。（23）和（24）相应的否定回答分别为（25）和（26）：

（25）我不知道这个人是谁。

（26）我不记得这件事是什么时候发生的。

但更自然的回答应为截省句或者空宾句：

（27）我不知道是谁。/我不知道。

（28）我不记得是什么时候。/我不记得。

如果截省句在句法上只是一个疑问词短语，就很难解释为什么（25）与（27）的语义语用相同，句法形式却不同；同样地，也难以解释（26）和（28）在语义语用上的相似及句法形式上的不同。

以上分析说明，虽然“知道”和“记得”既可以选择 DP 作宾语，也可以选 CP 作宾语，但在截省句出现的句法环境下，这两个动词在语义上选择的是事件或者事态，这时，它们在句法上选择的应该是 CP，而非 DP。

另一方面，有些允许带截省句的动词则通常只选择 CP 做宾语①，如“猜”。比较（29）和（30）：

（29）你猜＊这个人/＊这件事/＊他的收入。

（30）你猜他这个人怎么样/为什么会发生这样的事/他每年的收入是多少。

---

① “猜”在重叠的情况下可以带 DP 作宾语，如：“猜猜她的年龄”，但通过考察作家文摘语料库搜索“猜”单用时的情况，我们发现，该动词所带的宾语均为疑问句，如：

（1）你猜是送谁走？

（2）你猜我在想什么？

（3）你猜猜叫什么？

（29）和（30）说明，动词“猜”（不重叠的情况下）通常只选择句法上为 CP 的疑问句，而不能选择名词性短语 DP。说明“猜”后面的截省句［如（31）］的内部句法结构应该为 CP，而非 DP。

（31）你猜怎么样/为什么/是多少。

以上分析表明，汉语截省句的主句动词符合（13）中的谓词选择限制条件，同时也可以证明汉语截省句的句法结构相当于一个完整的 CP。

除此之外，更多的证据表明，汉语截省句在语义上是一个完整的疑问句。

首先，截省句必须在上下文中有一个陈述句提供语境信息，否则就会造成语义不完整，比较：

（32）a. 他似乎想说些什么，但我不清楚是什么。
　　　b. ?? 我不清楚是什么。
（33）a. 有人怕结婚，胡军说他不明白为什么。
　　　b. ?? 胡军说他不明白为什么。

（32b）和（33b）的意义残缺说明，一个由疑问词短语充当宾语的简单句的意义是不可理解的。

其次，即便在前面有先行语小句的情况下，如果截省句与上文的先行语小句在意义上不关联，同样会产生错误的句子，如：

（34）* 张三说有人要来看他，但我们不知道是什么。
（35）* 张三决定辞职，但我不知道是谁。

（34）和（35）不合语法是截省句中的疑问词与前面先行语小

句在语义上的关联失败所导致的。由此可以肯定，截省句疑问词不是一个独立指称的 DP 或其他性质的疑问词短语，而是一个包含缺省成分的疑问句，对所缺成分的解释受先行语小句的句法语义限制。

综上所述，汉语截省句的内部句法结构应为 CP，而非 DP。在句法功能上，它相当于一个完整的疑问句。汉语截省句的这一特点与英语截省句是一致的。

第三节　汉语截省句的孤岛敏感性

非孤岛敏感性（island - insensitivity）是英语类典型截省句的一个显著特征（详见第四章第二节的讨论）。由于疑问词的移位，英语中与截省句相应的完整疑问句会受到句法孤岛的限制，但相应的截省句却表现出不受句法孤岛限制的特点。

Fukaya（2012：124）把包含孤岛的先行语小句（通常是截省结构的第一个分句）的结构式概括为（36），该结构式表示截省句的关联语位于孤岛之内。

(36)... [ISLAND... correlate...]...

按照传统的办法，如果一个截省句的先行语小句具有（36）这样的结构，并且整个截省结构是合法的句子，则表明该截省句不受孤岛限制；反之，则说明截省句受到孤岛限制。严格来讲，判断截省句是否受到孤岛影响并非如此简单①。截省句在派生的过

① 有研究认为，在没有约束和辖域依存关系的句法重建情况下，孤岛效应倾向于不出现（详见 Mukai，2005）。由于语音删略的解释假定截省句的基础结构中可能包含孤岛，因而疑问词和孤岛内的成分可能会存在约束和辖域依存关系。但根据非删略思路的分析方案，在截省句派生的过程中，孤岛可能并不存在。

程中如果不涉及移位操作，那么即便先行语中存在孤岛，也可能不会对截省句造成影响。孤岛条件是否会影响句子的合法性，与该句法孤岛内的成分是否发生移位有关。但在没有搞清楚汉语截省句的内部结构之前，我们不妨首先考察汉语截省句是否受到孤岛的影响，再来解释造成这种孤岛（非）敏感性的原因。

如果一个包含孤岛的句子是合法的，则说明孤岛的存在并没有影响句子的合格性，即这类句子对孤岛不敏感。反之，如果一个包含孤岛的句子不合语法，则可以认为该句子受到了孤岛的影响。

综上所述，我们提出如下截省句孤岛敏感性的判定条件：

（37）假设某截省句 S，其先行语小句为 α。

S 不受孤岛影响，当且仅当：（i）α 的结构式为（36）；（ii）S 为合法的句子。

S 受到孤岛影响，当且仅当：（i）α 的结构式为（36）；（ii）S 为不合法的句子。

Merchant（2001）把与省略有关的孤岛分成三类①，分别是：语义或者语用上的弱岛、可以在 PF 层面删除的岛和受命题辖域限制的岛，后两类属于句法孤岛（syntactic island）。这说明，孤岛效应产生于句法、语义或语用等不同的层面，而各种孤岛对省略句的影响也是不同的。鉴于语义或者语用岛涉及的因素较为复杂，

① Merchant（2001）认为，以下 B 类是可以由 PF 删略来挽救的岛；C 类是从一个命题的辖域中抽取出来而形成的，他称之为派生位置岛（“derived – position” island）。除了 B、C 两类之外的岛均为语义或语用上的弱岛。

A 类：语义（弱）岛

B 类：左分支条件、COMP – 语迹效应、派生位置（话题化，主语）、并列项的提取（extraction of conjuncts）

C 类：并列项的外向提取（extraction out of conjuncts）、复杂名词组、状语从句岛

我们主要考察 Merchant（2001）提到的句法孤岛的影响，同时结合 CLM（1995）①，考察以下几种孤岛对汉语截省句是否有限制作用：主语从句岛（sentential subject island）；同位语岛（appositive island）；状语从句岛（adjunct CP island）；内嵌疑问句岛（embedded question）；定语从句岛/复杂名词组限制（relative island/ complex NP constraint）；并列结构限制（coordinate structure constraint）以及介词滞留/随迁限制（preposition stranding /pied – piping constraint）等。

根据以上孤岛对汉语截省句的影响，可以将它们区分为对汉语截省句没有限制作用的孤岛和有限制作用的孤岛两类，此外，有的孤岛限制条件的情况比较特殊，我们将单独讨论。

由于真实语料不便于作为测试句，因此下文均采用实验语料。在对每种孤岛限制条件的考察时，我们尽可能举出论元型截省句和非论元型截省句两种类型的例句。

一　对汉语截省句没有限制作用的孤岛

初步考察的结果表明，以下孤岛对汉语截省句没有影响，它们是：主语从句岛、同位语岛、并列结构限制、介词滞留限制和左分支条件，首先是语料观察：

（一）主语从句岛

（38）他喜欢一个女孩我知道，只是我不知道 *（是）谁。

（39）有些国家将要投票反对这个决议已经被报道了，但

① CLM（1995）还提到两类对汉语限制作用不明显的孤岛，即：COMP 语迹效应（COMP – trace effect）和派生位置岛（Derived position islands）。前者与英语中的虚位主语有关，后者与话题化有关。

媒体并没有透漏哪些国家。

（40）张三要去西藏我已经听说了，但我不知道跟谁。

（41）张三刚买了房子我们都知道了，但他没说在哪儿。

（二）同位语岛

（42）有些国家将要投票反对这个决议的消息已经被报道了，但是媒体并没有透漏哪些国家。

（43）他要去欧洲这件事我们都知道了，但是我们不知道哪个国家。

（44）张三昨天突然去了纽约的消息出乎我们的意外，而且我们不知道跟谁。

（45）张三要退学的打算已经很久了，但是我们都不知道为什么。

（三）并列结构限制

（46）张三买了一些西瓜和苹果，但是我不知道哪种苹果。

（47）她刚去书店买了一些书和杂志，但是我不知道什么书。

（48）？张三刚去了纽约，李四也去巴黎了，但我不知道跟谁。

（49）？张三要辞职，李四也要调动，我不知道为什么。

（四）介词滞留（或随迁）限制

（50）张三用一件工具把孩子的玩具修好了，但是我不知道＊（是）什么。

(51) 张三不小心把一本书弄丢了，但是我不知道哪一本。

(52)? 张三的孩子在跟另一个孩子玩，我不知道多大。

(53) 张三刚在郊区买了房子，但我不知道在哪儿。

（五）左分支条件（The Left Branch Condition）①

(54) 我听说他很高，但是我不知道多高。

(55) 一辆车停在人行道上，不知道谁的。

(56) 他给孩子买了一棵很大的圣诞树，但不知道多高。

观察上面的例句，我们可以看到，汉语截省句不受主语从句岛、同位语岛及左分支条件的影响。但在上面所举的例句中，并列结构限制和介词滞留限制中存在可接受性较弱的例句，即(48)、(49)和(52)，但经过观察，这几个例句的可接受性受影响并非由于受孤岛的限制而造成的，而是歧义所导致。下面我们把与(48)、(49)和(52)有关的解读分别写在下面：

(48′) 张三刚去了纽约，李四也去巴黎了，但我不知道跟谁。

a. 张三刚去了纽约，李四也去巴黎了，但我不知道李四跟谁去巴黎了。

b. 张三刚去了纽约，李四也去巴黎了，但我不知道他们跟谁去纽约和巴黎了。

① 左分支条件是指一个复杂NP最左侧的成分NP不能通过某个转换规则将其重置于这个复杂NP之外。（详见Merchant，2001）

c. * 张三刚去了纽约，李四也去巴黎了，但我不知道张三跟谁去纽约了。

(49′) 张三要辞职，李四也要调动，我不知道为什么。

a. 张三要辞职，李四也要调动，我不知道李四为什么也要调动。

b. 张三要辞职，李四也要调动，我不知道他们为什么要辞职和调动。

c. * 张三要辞职，李四也要调动，我不知道张三为什么要辞职。

(52′) 张三的孩子在跟另一个孩子玩，我不知道多大。

a. 张三的孩子在跟另一个孩子玩，我不知道那个孩子多大。

b. 张三的孩子在跟另一个孩子玩，我不知道他们多大。

c. 张三的孩子在跟另一个孩子玩，我不知道张三的孩子多大。

例句（48）和（49）中，截省句的先行语都是两个并列的分句，（48a）和（49a）的解读表明截省句的残余疑问词短语可以与第二个分句相关联；（48b）和（49b）的解读表明残余疑问词短语可以与两个分句同时关联；但（48c）和（49b）则表明残余疑问词短语不可以与距离较远的第一个分句相关联。通过以上分析，我们可以得出两点结论：

第一，汉语截省句中的残余疑问词与先行语之间的语义关联遵循最近距离原则［下文会有进一步讨论，详见本章（81）］，即：距离截省句较近的那个句法成分优先与截省句的残余疑问词相关联，其次是两个同时与截省句关联，较远的那个则不可以与之关联。

第二，（48）和（49）的可接受性弱是由语义上的歧义所造成的，因而，如不考虑歧义，这两个句子中的残余疑问词均可与距离较近的并列项相关联。根据（36）的判定条件，我们可以认为并列结构限制对这类截省句没有影响。

同样是并列结构，为什么（46）和（47）都没有歧义呢？这是因为这两个句子的残余成分都是带有修饰成分的名词短语，被修饰的名词中心语与先行语中并列的名词短语中的某一个名词的语义相关联，由此消除了它与先行语中另一个名词相关联的可能性，因而不存在歧义。这同时也证明，（48）和（49）的可接受性弱是解读歧义所造成的。

例句（52）的三种解读分别与（48）和（49）的三种解读平行。值得注意的是，（52c）也是（52）可能的解读，这是由于“跟”的用法所导致的，因为“跟”既可以作并列连词，连接两个名词性成分，还可以作介词。当“跟”作连词的时候，就得到了与（52a）和（52b）平行的解读。而（52c）中的“跟”是一个介词，这种情况下，“跟另一个孩子”在句子中是介词短语作状语，因此（52c）的先行语其实不是一个并列的名词短语。如果“张三的孩子”和“另一个孩子”之间是并列关系，则不会产生（52c）的解读。

可见，（52）之所以存在（52c）的解读是因为这时“跟”是一个介词而不是连词。（52c）中，关联语“另一个孩子”处于介词宾语的位置，说明介词的宾语与残余疑问词短语有句法上的依存关系，这样就为截省句不受介词滞留/随迁限制条件的影响提供了依据。汉语的介词不能脱离其宾语而单独存在，即介词宾语不可以脱离介词发生移位，宽泛地说，也可以认为汉语的介词词组是一个孤岛。在先行语句存在介词短语的情况下，截省句仍然合法。根据（36）中的判定条件，我们可以认为汉语截省句不受介词随迁这一限制条件的影响。同时，（50）（51）和（53）完全合乎语法也说明了汉语截省句不受介词滞留/随牵的限制。

综上所述，我们提出句法孤岛对汉语截省句的影响考察结果之一：

(57) 汉语截省句不受主语从句岛、同位语岛、并列成分限制、介词滞留/随牵限制及左分支条件的影响。

二　对汉语截省句有限制作用的孤岛

本小节考察两种对汉语截省句有制约作用的孤岛：定语从句岛和内嵌疑问句岛。其中定语从句岛被认为是典型的句法孤岛（Merchant，2001；Fukaya，2012，等等）。Kuno 和 Robinson (1972) 提出，一个疑问词短语不能越过另一个疑问词短语前置，该条件被称为“wh－岛”（wh－island）。CLM（1995）考察了 wh－岛对截省句的影响，主要是疑问词位于内嵌疑问句时的情况，可称为“内嵌疑问句岛”。

我们的研究发现，汉语截省句明显受到定语从句岛和内嵌疑问句岛的影响。

（一）定语从句岛

(58) ＊张三昨天遇到给李四某件东西的那个女人，但是我不知道是什么。

(59)？他们最终找到了一个会说一种印第安语的人，但是我不知道哪一种。

(60) ＊我昨天看到了跟张三一起买了房子的那个人，但是我不知道在哪儿。

（当截省部分解读为：我不知道那个人跟张三一起在哪儿买了房子。）

(61) ＊张三想面试一位拒绝去苹果公司工作的人，但我不知道为什么。

（当截省部分解读为：我不知道为什么拒绝去苹果公司工作。）

（二）内嵌疑问句岛

（62）＊李四问张三为什么买了一件礼物给他的同事，你猜猜是什么。

（63）＊张三不知道谁捡了他的书，你猜猜哪一本。

（64）＊李四问张三跟谁去了纽约，你知道什么时候吗？

（当截省部分解读为：你知道张三什么时候去了纽约吗？）

（65）＊张三告诉了我他什么时候结婚，你知道为什么吗？

（当截省部分解读为：你知道他为什么结婚吗？）

观察（一）中包含定语从句的句子，我们发现，除（59）之外，其他各句均不合语法。下面我们简单分析一下（59）为什么在一定程度上可以接受（重写在下面）：

（59）？他们最终找到了一个会说一种印第安语的人，但是我不知道哪一种。

与（58）、（60）和（61）相比，（59）中残余疑问词的性质比较特殊。根据 Pesetsky（1987），“哪一个”应属于“话语连接”（discourse－linked，简称 D－linked）型疑问词。这类疑问词的特点是，它们在句子中的合理答案的选择范围限定在会话语境中凸显出的客体集合中。英语中最典型的“话语连接”型疑问词是疑问词 which 构成的短语。相应地，汉语由“哪（一）+量词+名词”构成的疑问词短语也是典型的“话语连接”型疑问词短语。由于不定名词包含未知信息，在句中较为凸显，（59）中的“一种印第安语”就成为上文语境中的凸显客体，因而“哪一种”将其答案的选择范围限定在“印第安语”这一客体集合中。“话语连接”型疑问词的特殊性使得孤岛的影响有所降低，因而（59）与其他各句相比，具有一定的可接受性。

可见，“话语连接”型疑问词短语与关联语的关系受语境的影响较大，而受句法的影响较小。换言之，“话语连接”类疑问词可以超越句法限制而与前后语境中的成分进行关联。因此从句法角度来看，（59）这一例外并不影响我们得出汉语截省句受定语从句岛制约的结论。

（62）—（65）表明，当关联语位于内嵌疑问句岛之中时，截省句不合语法。也就是说，截省句不能以内嵌疑问句中的某个显性或者隐性的成分为关联语。

如果把同样位置的疑问词换成一个非疑问成分，整个句子就没有问题了，这就更进一步说明这些不合语法的句子是由于内嵌疑问句岛的存在所造成的，如：

（66）李四告诉我张三买了一件礼物给他的同事，你猜猜是什么。

（67）张三知道李四捡了他的书，你猜猜哪一本。

（68）李四知道张三跟同事去了纽约，你知道什么时候吗？

（69）张三告诉我他就要结婚了，你知道为什么吗？

有趣的是，虽然截省句不可以以疑问句岛内的成分为关联语，但却可以以该孤岛内的疑问词本身为关联语。如：

(70) 李四问张三为什么买了一件礼物给他的同事，你猜猜为什么。

(71) 张三不知道谁捡了他的书，你猜猜是谁。

(72) 李四问张三跟谁去了纽约，你知道是谁吗?

(73) 张三告诉了我他什么时候结婚，你知道什么时候吗?

当然，上面的例子并不能说明汉语截省句不受疑问句岛的影响，相反，(70) — (73) 的合法性证明，当关联语不在疑问句岛之内时，截省句是合法的。

基于以上观察和分析，我们提出句法孤岛对汉语截省句影响考察结果之二：

(74) 汉语截省句受定语从句岛和内嵌疑问句岛的影响。

三　状语从句岛与线性最近距离原则

状语从句岛对汉语截省句的影响情况比较复杂，我们首先观察语料：

(75) 因为有一个客人侮辱了他，所以他生气地离开了聚会，但是我们还不太清楚 * (是) 谁。

(76) 因为张三有些事情要办，所以他打算下个月休假，但他没说什么事情。

(77) ? 因为张三去了纽约，这周我得替他加班，但是我不知道跟谁。

(当截省部分解读为：但是我不知道张三跟谁去了纽约。)

(78)? 因为她的手机丢了，所以刚买了一个新的，但是她没说在哪儿。

（当截省部分解读为：但是她没说她的手机在哪儿丢了。）

（75）和（76）的合法性说明这两个句子中的截省句没有受到状语从句岛的影响；但当（77）和（78）具有括号内的解读时，句子的可接受程度受限，又似乎说明截省句的残余疑问词短语和状语从句的关联受到了影响。

但如果改变（77）和（78）中状语从句和主句的线性位置就会发现，句子变得可以接受了，如：

（79）这周我得替张三加班，因为他去了纽约，但是我不知道跟谁。

（80）她刚买了一个新手机，因为她的手机丢了，但是她没说在哪儿。

在（79）和（80）中，虽然状语从句仍然存在，句子却变得可以接受了。这说明造成（77）和（78）可接受性程度较低的原因不是状语从句岛的存在，而是截省句的残余疑问词与其先行语句及关联语的线性距离较远。

以上分析说明，截省句与其关联语之间的依存关系受一种线性句法上最近距离原则的支配，我们不妨把这一原则称为“线性最近距离原则”。概括如下：

（81）线性最近距离原则

假设存在某结构：β……，γ……，α……［s_e］；

其中截省句 s_e 位于主句 α 之内，β 和 γ 分别是它前面的小句，β 或 γ 之一为状语从句。那么，s_e 的关联语应位于 γ 之内。

实际上，与状语从句岛的限制相比，截省句受“线性最近距离原则”的影响更为显著。这可能是因为：先行语的可及性（accessibility）是决定缺省成分是否合乎语法的重要条件。如果先行语不可及，那么空成分的意义就得不到理解，而意义不可恢复的空缺成分会产生不合语法的句子。(79）和（80）中的状语从句在线性距离上与截省句更为接近，因而（隐性的）关联语更为可及，从而提高了句子的可接受性程度。

“线性最近距离原则”说明，对汉语而言，先行语与缺省成分的线性距离会影响先行语的可及性。既然（77）和（78）的异常是违反了“线性最近距离原则”所造成的，我们可以提出（82）：

(82）汉语截省句受线性最近距离原则的影响。

根据（82），我们可以进一步预测，截省句的残余疑问词总是以距离较近的成分为其关联语，通过观察，我们发现事实确实如此。当（77）和（78）具有括号内的解读时，即当残余疑问词以距离最近的分句为其先行语句（也即关联语在最近距离的分句之中）时，句子是合法的。如：

(77′）因为张三去了纽约，这周我得替他加班，但是我不知道跟谁。

（当截省部分解读为：但是我不知道我得跟谁替他加班。）

(78′）因为她的手机丢了，所以刚买了一个新的，但是她没说在哪儿。

[当截省部分解读为：但是她没说她（是）在哪儿买了个新的。]

一个自然的问题是：为什么（75）和（76）的先行语处于距离截省句相对较远的位置，却依然是合乎语法的句子呢？

通过观察可以发现，（75）、（76）与（77）、（78）相比存在以下两点不同：首先，（75）、（76）都具有一个不定名词充当的显性关联语，分别是“一个客人”和“有些东西”；而（77）、（78）的先行语中并没有显性关联语。其次，（75）、（76）的残余疑问词是名词性的，其关联语在先行语小句中处于论元位置；（77）、（78）中的残余疑问词是副词性的，其关联语（隐性）在先行语小句中处于非论元位置。

基于以上两点差异，我们可以推断，正是这两个方面或其中一个方面的差异造成了这两组句子的合法性。下面我们作进一步分析。

首先，我们考察显性先行语是否可以补救由于违反近邻原则而不合法的截省句。我们对（77）和（78）稍作修改，使得其先行语具有显性形式：

（83）？因为张三跟一个人去了纽约，这周我得替他加班，但是我不知道（是）跟谁。

（当截省句解读为：张三跟谁去了纽约。）

（84）？因为她在某个地方丢了手机，所以刚买了个新的，但是她没说在哪儿。

（当截省句解读为：她在哪儿丢了手机。）

增加了显性关联语之后的句子（83）、（84）的可接受性程度并没有提高，这说明关联语是隐性或显性，并不影响非论元型截省句的关联语位于状语从句中时句子的合法性。

然后，我们考察疑问词性质的影响。仍然保持（83）、（84）中的显性关联语，将副词性疑问词替换为代词性疑问词。结果发现，句子的可接受性程度并没有得到提高。

(85)? 因为张三跟一个人去了纽约，这周我得替他加班，但是我不知道＊（是）谁。

(86)? 因为她的手机在一个地方丢了，所以刚买了个新的，但是她没说什么地方。

比较（85）、(86）和（75）、(76）可以发现，这两组句子唯一的差别是截省句的类型，前者的关联语位于附加语位置，是非论元型（或附加语型）截省句，而后者是论元型截省句。可见，造成（75）、(76）与（77）、(78）在孤岛敏感性上的差异的根本因素是关联语的句法位置。

因此，我们对（82）作出修正，得到如下概括：

(82′) 线性最近距离原则对非论元型截省句有影响，但对论元型截省句没有影响。

(82′) 体现了作论元的疑问词与作非论元的疑问词在句法上的不对称性。

以上分析也说明，当关联语位于状语从句岛中时，论元型截省句和非论元型截省句都没有受到显著影响，但非论元型截省句由于受线性最近距离原则的限制，可能呈现出一定程度上的不可接受性。

基于以上分析，我们提出句法孤岛对汉语截省句影响考察结果之三：

(87) 汉语截省句不受状语从句岛的影响。

第四节 局部等同与汉语截省句的孤岛敏感性

对截省句孤岛敏感性的考察可以为我们正确解释汉语截省句的内部结构提供依据。从逻辑上讲，任何一种有关截省句内部结构的解释方案都应该与截省句在孤岛敏感性方面表现出来的特点相吻合。

本章第三节中（35）所概括的对截省句的孤岛敏感性的判定标准有一个重要的理论前提，即：省略的等同条件（identity condition）。该等同条件认为省略的部分应该与其先行语在句法或者语义上等同。在这一基本理论前提之下，对于“等同”是哪个层面的等同存在不同的看法。

Heim 和 Kratzer（1998）提出如下“省略的 LF 等同条件（LF identity condition on ellipsis）”：

(88) 省略的 LF 等同条件（Heim & Kratzer，1998：250）：

只有当一个成分是另一个成分在 LF 层面的复制时，该成分才可以在 PF 层面被删除。

该等同条件规定 LF 层面的等同是 PF 删略的前提，它规定了省略句式在不同层面上的关联。更多研究将等同条件解释为 PF 层面或显性句法层面[①]的等同（如 Ross，1969；Fox & Lasnik，2003，等等）。Chung（2005）甚至指出，截省句中空缺的 IP 的每个词项

---

① 即计算系统中与 PF 层面和 LF 层面同时相关的句法层面，详见 Chomsky（1995：169）。

都应与先行语中的某个词项等同。

省略部分与先行语之间的“等同”究竟是哪一个层面的等同，对我们目前的研究来说并不重要，但与此相关的一个重要问题是：当截省句的上文包含一个复杂结构时，截省句的先行语究竟是前文整个复杂结构，还只是其中的某一部分？换言之，与截省句省略部分等同的是前文的整个句子还是其中某一部分？为了论述的方便，这里暂且把与前文整个句子之间的等同称为“完全等同”，把只与其中某一部分的等同称为“局部等同”。

观察汉语的事实，我们可以发现，在包含某些孤岛的截省结构中，空缺的部分只是与内嵌小句等同，而不是与整个包含孤岛的句子等同，也即“局部等同”。下面我们以同位语岛为例，分析截省句与先行语之间的等同关系，如：

(89) 张三昨天突然去了纽约的消息出乎我们的意外，而且我们不知道跟谁。

a. 张三昨天突然去了纽约的消息出乎我们的意外，而且我们不知道［张三昨天跟谁突然去了纽约］。

b. *张三昨天突然去了纽约的消息出乎我们的意外，而且我们不知道［张三跟谁突然去了纽约的消息出乎我们的意外］。

(90) 张三要休学的打算已经有很久了，但是我不知道为什么。

a. 张三要休学的打算已经有很久了，但是我不知道［张三为什么要休学］。

b. *张三要休学的打算已经有很久了，但是我不知道［张三为什么要休学的打算已经有很久了］。

从句子理解的角度判断，对（89）和（90）更合理的解释也应该是（a）句而不是更复杂的（b）句。这一现象可以初步解释为什么大部分的汉语截省句不受孤岛限制。

Merchant（2001）指出，截省句内部结构不一定包含孤岛，即截省句的先行语只是不包含孤岛的小句。他提出了IP—省略的焦点条件（focus condition on IP - ellipsis），该条件规定，对英语类截省句而言，IP—删略的前提是被省略部分与先行语之间存在焦点蕴含关系。

虽然Merchant（2001）并不认为截省句遵循句法等同条件，但他提出的“截省句的内部结构不一定包含孤岛”却为我们建立较小范围的等同关系提供了依据。如在下面的例子中，（91a）的基础结构中被删除的部分如（91b）所示，而不是（91c）所示，(92)、(93）亦如此：

(91）a. They want to hire someone who speaks a Balkan language, but I don't remember which.

（他们想雇用一个会说某种巴尔干语的人，但是我不记得哪一种。）

b. They want to hire someone who speaks a Balkan language, but I don't remember [which ~~language that person speaks~~ __].

（他们想雇用一个会说某种巴尔干语的人，但是我不记得~~那个人说~~哪种~~语言~~。）

(c) They want to hire someone who speaks a Balkan language, but I don't remember [which ~~language they want to hire someone who speaks~~ __].

（他们想雇用一个会说某种巴尔干语的人，但是我不记得~~他们想雇用的那个人说~~哪种~~语言~~。）

(92）a. Ben left the party because one of the guests insulted him, but he wouldn't tell me which.

（本离开了聚会，因为有个客人侮辱了他，但是他不愿意告诉我哪个。）

b. Ben left the party because one of the guests insulted him, but he wouldn't tell me [which ~~guest insulted him~~].

（本离开了聚会，因为有个客人侮辱了他，但是他不愿意告诉我哪个~~客人侮辱了他~~。）

c. Ben left the party because one of the guests insulted him, but he wouldn't tell me [which ~~guest he left the party because_ insulted him~~].

（本离开了那个聚会，因为有个客人侮辱了他，但是他不愿意告诉我~~他离开聚会因为~~哪个客人~~侮辱了他~~。）

（93） a. That certain countries would vote against the resolution has been widely reported, but I'm not sure which.

（某些国家会投票反对这个决议已经被广泛报道了，但是我不确定哪些。）

b. That certain countries would vote against the resolution has been widely reported, but I'm not sure [which ones ~~would vote against the resolution~~].

（某些国家会投票反对这个决议已经被广泛报道了，但是我不确定哪些~~会投票反对这个决议~~。）

c. That certain countries would vote against the resolution has been widely reported, but I'm not sure [which ones_ ~~would vote against the resolution been widely reported~~]?

（某些国家会投票反对这个决议已经被广泛报道了，但是我不确定哪些~~会投票反对这个决议已经被广泛报道了~~。）

很显然，从经验上来观察，所谓的等同，反映在截省句中，应该只是一种局部等同，这可以在一定程度上解释为什么有些孤岛（如主语从句岛、同位语岛、状语从句岛）对汉语截省句没有影响，因为这些孤岛并不存在于截省句的基础结构中。但对于有些孤岛（如疑问句岛和定语从句岛），即便在局部等同的条件下，仍然会存在于截省句的基础结构中，因而汉语截省句会受到这些岛的影响。

作为口语色彩较重的一种句式，截省句不可避免地受语用因素的影响，是语用因素影响句法的结果。同时，局部等同也反映了语言在使用中的经济性。

在非删略思路的解释方案下，局部等同可以在一定程度上解释截省句在孤岛敏感性上呈现出的特点，但本书第六章进一步的研究将为这些特点提供更为合理的解释。

第五节　汉语截省句中的"是"

一个明显的事实是，很多原位疑问词语言的截省句中都会出现系动词，这些系动词的出现，在有的语言中是强制性的，如韩语的"inci"；在有的语言中是完全自由的，如日语的"da"；而汉语中"是"在截省句中的出现则有一定的规律，有时必须出现，有时自由出现，有时则倾向于不出现。

如何解释汉语截省句中"是"的隐现规律及其句法地位，是汉语截省句研究中不可回避的重要内容。实际上，对"是"的作用的解释与对汉语截省句的解释是相辅相成的两个问题，如果能够对截省句中"是"的作用作出合理解释，必然也就能够解释汉语截省句的内部结构。反之亦然。

一般认为，"是"在截省句中的隐现规律为：在简单疑问词"谁"和"什么"前面强制性出现，而在其他疑问词短语前面自由出现。对于“是”在截省句中的性质，有学者（如 Kizu，1998）认为它是一个系动词，而截省句的基础结构是一个省略的分裂句；也有学者（如 Wang &Wu，2004）认为：“是”在充当论元的疑问词前面是一个格标记，其作用是给需要格的疑问词短语赋格；而在不需要格的疑问词短语前出现的“是”则是一个焦点标记，起强调作用；也有学者（如 Wei，2004/2011；Adams &Tomioka，2012，等等）认为“是”在不能作谓语的疑问代词前出现时是系动词，其作用是帮助构成谓语，在可以作谓语的疑问代词前出现时是一个焦点标记，有强调作用。

以上对“是”的作用的解释均依赖于对截省句的相应分析方案（详见第四章第四节）。第四章我们讨论了对原位疑问词语言截省句的各种分析方案，指出其中“假截省句说”具有较强的解释力。同样地，我们也比较赞同该分析方案对“是”的作用的解释，尽管这并不意味着我们完全同意采用“假截省句说”来解释汉语中的各类截省句。关于假截省句分析的解释力，我们将在下一章详细探讨。

就汉语省略句式而言，“是”的作用极为特殊，它除了出现在截省句中，也会出现在动词短语省略中。但动词短语省略中的“是”与截省句中的“是”在很多方面存在差异。其中最显著的不同有以下两点：

第一，在动词短语省略中，“是”的作用被称作“是—支持”（shi - support），类似英语中助动词 do 的作用，因而，它的出现是不可缺少的；而在截省句中，“是”的出现受一定句法条件的制约，在大多数情况下，它的出现是自由的。如：

(94) a. 明很喜欢你给他的礼物，汉也是。

b. ＊明很喜欢你给他的礼物，汉也。(Li，2004)

(95) a. 张三说他喜欢一本书，但是我不知道是哪一本。

b. 张三说他喜欢一本书，但是我不知道哪一本。

第二，如（94）和（95）所示，在动词短语省略中，“是”出现在省略成分的前面，因此被看作是一个可以允准省略的功能性成分；但在截省句中，“是”位于疑问词短语的前面，与是否允准省略无关。

小　结

本章通过对汉语截省句特点的描写发现：（1）汉语截省句的主句动词在选择限制方面与英语截省句具有相似特点，即只有那些语义上选择疑问句并且句法上选择 CP 的谓词才可以选择截省句，这有助于证明汉语截省句在句法地位上相当于一个完整的疑问句，而不是一个疑问词短语。（2）汉语截省句不受主语从句岛、同位语岛、并列成分限制、介词滞留限制、左分支条件和状语从句岛的影响，但明显受到定语从句岛和疑问句岛的影响。对状语从句岛的分析还发现，汉语截省句的解读明显受到“线性最近距离原则”的制约。（3）汉语截省句在孤岛敏感性方面表现出来的以上特点可以通过省略的“等同原则”之下的“局部等同”得到解释。（4）“是”在汉语截省句中的出现有一定规律，它与动词短语省略中的“是”具有不同的句法功能。

第六章

汉语假截省句及其分析

有关汉语截省句的解释方案总体可以区分为“移位说”和“非移位说”。“非移位说”以“假截省句分析”为代表，该分析方案认为汉语截省句有别于典型截省句，而与英语中的假截省句类似，其基本结构为：“pro +（是）+疑问词短语”（如 Adams, 2004；Wei，2004/2011；Adams & Tomioka，2012，等等）。

Merchant（1998/2001）及 Lasnik（2005）把英语中类似（1）和（2）中的截省句称为“假截省句”：

（1）Someone just left-guess [who it was].

（有人刚离开，猜猜 [是谁]。）

（2）Irv and someone were dancing together，but I don't know [who it was].

（Irv 和一个人在跳舞，但是我不知道 [是谁]。）

根据“假截省句分析”，汉语截省句与英语假截省句所不同的是，前者的主语为空代词形式。如：

（3）有个学生没参加考试，但不知道 [pro（是）哪个学生]。

（4）警察根本就不理我们，不知道 [pro（是）为什么]。

根据疑问词短语的句法功能不同，pro 的所指被解释为论元或者事件，可分别解释为 E－类代词（E－type pronoun）或事件性空代词（event pro）/句子照应语（sentential anaphora）。

事实证明，“假截省句分析”具有一定的合理性，能够在很大程度上解释汉语截省句所具有的特点，也说明汉语中确实存在大量的假截省句。

本章主要从汉语截省句的特点和空主语的特点分析“假截省句分析”方案的合理性，并指出其局限。

第一节 汉语截省句的个性特点及其分析

“假截省句分析”之所以优于“移位说”，首先是因为它具有更强的解释力。与英语截省句相比，汉语截省句具有很多独特之处，而“移位说”难以为这些特征提供令人信服的解释。比较之下，“假截省句分析”的解释更为自然。

一 “是”的强制性出现及其作用

一般认为，“是”在论元型简单疑问词“谁”和“什么”前面强制性出现，在其他疑问词短语前面自由出现（如 Wei，2004，2011；Wang &Wu，2006；Adams & Tomioka，2012；傅玉，2014，等等）。我们对北京语言大学汉语语料库（BCC）进行搜索的结果表明，事实确实如此：对“谁”和“什么”前面不带“是”的截省句的搜索结果为空；但却检索到其他疑问词短语前面没有“是”的截省句，如：

(5) 对方知道要杀的什么人，但你们保护他，却不知道[什么人]。(BCC)

(6) 小乔知道他朋友的这个暗房在地下室，但不知道[哪一个单元]。(BCC)

“焦点移位说”对以上事实提供的解释是，“是”在简单形式的疑问代词“谁”和“什么”前面出现时是一个格标记，因为它们是论元型的疑问词，而附加语型疑问词则不需要“是”，因此“是”可以在附加语型截省句前面自由出现。这一解释存在两个明显的不足：（一）在汉语中，一个疑问词是否可以充当论元与其词汇性质没有必然关系，除了“谁”和“什么”之外，汉语中还有其他疑问词短语也可以充当论元，如疑问词“哪儿”可以充当处所主语和宾语，作句子的论元；（二）“谁”和“什么”的关联语不仅可以是句子的论元，也可以充当介词宾语，如：

(7) 他正在跟一个老同学$_i$打电话，但我不知道是谁$_i$。

截省句残余疑问词“谁”的关联语是“一个老同学”，后者在先行语中的位置是介词宾语，而非句子论元。

因此，从论元和非论元的角度来解释“是”为何在“谁”和“什么”的前面强制性出现缺乏说服力。

根据“假截省句分析”，“是”在强制性出现时，其作用相当于一个谓词，跟后面的疑问词一起构成谓语。由于汉语的光杆疑问代词“谁”和“什么”不能独立充当谓语，因此需要“是”强制性出现，帮助构成谓语。其他类型的疑问词及疑问词短语均可以独立充当谓语，因此不需要“是”强制性出现。

根据 Wei（2004），（4）和（5）中的疑问词短语“什么人”和“哪一个单元”都可以独立作谓语，因而不需要“是”就可以和空主语一起构成一个完整的句子。如此分析，不仅可以解释“谁”和“什么”充当句子论元时需要“是”的强制出现，而且可以解释它们充当介词宾语时，“是”的强制性出现。

假截省句分析的好处还在于它从技术上取消了截省句与前文的先行语小句之间的等同关系，前文与截省句残余疑问词相关的部分只是关联语，而与其他句法成分之间不存在等同关系，因此可以不考虑残余疑问词在先行语小句中的相对位置。

实际上，汉语截省句中“是”需要强制性出现的情况可能不限于“谁”和“什么”这两个疑问词，比如在“哪儿”前面，“是”的出现也是强制性的，比较：

(8) 我要到很远的地方去，但还不知道*（是）哪儿。

但采用Wei（2004/2011）的“谓语化”观点，这类语言事实不难解释：因为简单形式的疑问副词“哪儿”也不能独立作谓语。

二 不可重建的截省句

Wei（2004/2011）指出汉语中存在一种不可重建的截省句(non-reconstructable sluice)，如：

(9) 菜越来越贵了，但我不清楚（是）多少钱。

这种截省句的特点是它无法依据句法上与先行语句的等同进行重建，任何采用“移位+语音删略”的方案都无法构拟出（9）的基础结构是什么，以及它是如何派生出来的。因为依据句法上等同或平行复制先行语之后产生的只可能是（10）这样不合法的句子：

(10) *菜越来越贵了，但我不清楚菜越来越贵了（是）多少钱。

类似的句子在汉语中并不少见，如：

(11) 据说水源就在附近，但是我们不知道在哪儿。(CCL)

(12) 我听到了弗龙斯基的名字，但我不知道是哪一个。(BCC)

而如果采用假截省句分析，问题就可以迎刃而解了。根据假截省句分析，(9)、(11) 和 (12) 中的截省句部分均包含一个空代词充当的主语，其基础结构分别为：

(13) 菜$_i$越来越贵了，但我不清楚 pro$_i$（是）多少钱。

(14) 据说水源$_i$就在附近，但是我们不知道 pro$_i$在哪儿。

(15) 我听到了弗龙斯基$_i$的名字，但我不知道 pro$_i$是哪一个。

“假截省句分析”对这类截省句的解释为：根据广义控制原则[①]（Huang，1984/1989），以上各句中的空主语 pro 没有控制域（control domain），故不受强制性控制；而且第一个分句“菜越来越贵了”为截省句的话题，除了该话题内的成分之外，pro 不可与

① 广义控制原则（generalized control rule，简称 GCR），由 Huang（1984/1989）提出，该原则规定了代词性空范畴的指称特征，具体内容为：空代词在其控制域内（如果存在的话）受到控制。[原文如下：An empty pronominal is controlled in its control domain (if it has one).] 其中“控制域”的定义为：

(i) α 是 β 的控制域，如果 α 是同时满足以下（a）和（b）的最小范畴：

(a) α 是一个包含 β 或者 β 最小的上级范畴的最小 S（IP）或者 NP。

(b) α 包含 β 可及的一个主语。

在（13）—（15）各句中，空代词主语 pro（相当于 β）本身是包含它的最小 S［如（13）中的小句［$_{IP}$pro 多贵］］中的一个主语，因此该空范畴找不到一个可及的主语。由于 α 不能满足条件（b），因此该空范畴没有控制域，根据 GCR，（13）—（15）中的空代词不受控制。详细的分析可参阅 Wei（2011）。

其他成分共指。(Wei, 2011) 这一解释从理论上证明了假截省句分析的合理性。

三 论元关联语和附加语关联语的不对称性

在汉语截省句中，论元型残余疑问词和非论元型残余疑问词的关联语存在不对称性，具体表现在：论元型残余疑问词的关联语不能是隐性的，但附加语型残余疑问词（adjunct wh - remnant）不受此限制（详见 Wei, 2004/2011; Adams, 2004; Adams & Tomioka, 2012, 等等)。比较：

(16) ＊他在写，但你无法想象是什么。

(17) 李四离开了，没有人知道什么时候。

以上例句中，(16) 的关联语在语义上是动词“写”的内容，是它是动词的一个隐含论元，(17) 的关联语是动词“离开”发生的时间，相关内容没有在句中出现，因而也是隐性的。

(16) 和 (17) 的差异说明，汉语论元型残余疑问词的关联语不能是隐性的，但附加语型残余疑问词的关联语可以是隐性的。但在英语中，这一不对称性却不存在，如：

(18) Mary is reading, but I don’t know what.
(玛丽在阅读，但我不知道是什么。)

(19) Anna has already gone, but no one knows when.
(安娜已经走了，但没有人知道什么时候。)

可见，英语中无论论元型还是附加语型残余疑问词的关联语都可以是隐性的。

如果采用假截省句分析，就可以为这一不对称性给出合理的解释。

首先，根据 Heim（1982），隐性论元由于意义不凸显，所以不能在后文用代词指代，因而指代个体的空代词也不能以隐性论元为先行语，故此后续小句中的代词无法指代隐含论元，如：

（20）Arthur married recently，# and she is very rich.

（Arghur 最近结婚了，#她很富有。）

汉语也是如此：

（21）他在写，#但你无法想象它是什么。

空代词同样如此：

（22）他在写，#但你无法想象 pro 是什么。

有趣的是，英语假截省句的关联语也不能是隐性的：

（23）* They served the guests，but I don't know what it was.（引自 Merchant，2001：121）

（他们招待了客人，但我不知道是什么。）

这为“假截省句分析”提供了很好的事实依据。

至于附加语型残余疑问词的关联语为什么可以是隐性的，Adams 和 Tomioka（2012）的解释为：当截省句残余疑问词为附加语型时，其空代词主语的所指是整个先行语小句，而非隐性附加语，因此，空主语的先行语是可及的。尽管 Adams 和 Tomioka 对附加语型截省句的分析并非没有问题，但至少可以说明，汉语假截省句和英语假截省句具有相似特点。

四　表方式的疑问副词的特殊性

尽管汉语几乎所有类型的疑问词短语（甚至包括“A－不－A”这样的疑问格式）都可以出现在截省句中，但表示动作行为方式的疑问副词“怎么”和“如何”却是例外。比较：

（24）有人解决了那个难题，但他不告诉我们（是）＊怎么/＊如何/我们什么时候/跟谁/用什么方法……

相应的英语截省句却是合法的，如：

（25）John solved the problem，but he won’t tell us how.
（约翰解决了那个问题，但他不愿告诉我们怎么。）

根据 Wei（2004），这类表示方式的疑问词具有“黏着性”，必须附着在它所修饰的动词短语上，不能单独作谓语。

比较汉语的内嵌系动词小句，我们会发现，“怎么”和“如何”同样不能出现在这类句子中，如：

（26）没有人知道这是＊怎么/＊如何/为什么/什么原因/什么时候/哪儿/谁/谁的……

（24）和（26）的平行性有助于说明“假截省句分析”的合理性。

五　“是”与疑问代词“怎么样”

尽管多数关于汉语截省句的研究都认同“是”在截省句的出现只有两种情况，即自由出现和强制性出现（如 Wang & Wu，

2006；Adams，2004；Wei，2004；Adams & Tomioka，2012；傅玉，2014，等等），但我们发现，除了以上两种情况外，"是"在疑问代词"怎么样"前面，倾向于不出现①，如：

（27）他刚谈了个女朋友，父母还不知道（？是）怎么样。

（28）没有人再关心她，她一个人，肩不能挑，手不能提，不知道（？是）怎么样。（BCC）

疑问代词"怎么样"具有形容词性质，当它提问时，要求答句中相应的部分是形容词性质的，如：

（29）A：北京的天气怎么样？
B：（北京的天气）灰蒙蒙的。

与其他的疑问词（短语）相比，"怎么样"充当谓语时，一般不可以再用"是"进行焦点化。如：

（30）父母不知道他的女朋友（＊是）怎么样/（是）多高/（是）多大/（是）哪里人……

以上分析有助于证明汉语截省句的完整结构确实为"pro +（是）+疑问词短语"，当疑问词为"怎么样"时，"是"倾向于

① 我们做过一个随机的调查，发现几乎所有的被调查者都认为（27）中"是"的出现不可接受，但我们在语料库中搜到这么一例：

（i）一家都是笨蛋的感觉，不知道［是怎么样］哦？（港台文学）

我们认为（i）中的"是"可能是南方方言影响的结果。谨慎起见，文中用"倾向于不出现"，而不是"不可出现"。

不出现是因为“怎么样”充当谓语时，前面不需要系动词“是”。这一事实为“假截省句分析”思路下的“谓语化结构说”（Wei，2004/2011）提供了支持。

六 左分支条件下的汉语截省句

Wei（2011）比较了汉英截省句受左分支条件影响的情况，结果发现，尽管汉语与英语的截省句都表现出对该限制条件较不敏感的特点，但在对比型截省句、形容词修饰语为隐性及多个孤岛并存的情况下，英语截省句会受到左分支条件的影响，而汉语截省句则不受影响。比较：

（一）对比型截省结构

（31） * Zhangsan bought an OLD car，but I don't know how BIG.

（32）张三买了一辆旧车，但我不知道多大。

（二）关联语带隐性形容词修饰语

（33） * John wants a list，but I don't know how detailed.

（34）张三想要一个单子，但我不知道多详细。

（三）多个孤岛并存

（35） * They want to hire a person who can speak fluent English，but I don't know how fluent.（定语从句岛 + 左分支条件）

（36）他们想要雇一个会说一口流利的英语的人，但是我不知道多流利。

(37) * He got stressed because his boss wants a detailed list, but I don't know how detailed. (状语从句岛 + 左分支条件)

(38) 他压力很大，因为他的老板想要一份详细的单子，但我不知道多详细。

“假截省句分析”可以为英汉截省句的以上差异提供自然的解释：因为根据广义控制原则，空代词 pro 在其控制域内没有与其共指的成分，因而可以上文的话题中的论元共指，且该同指关系不受左分支条件的影响。如：

(32′) 张三买了一辆旧车$_i$，但我不知道 pro$_i$ 多大。

(34′) 张三想要一个单子$_i$，但我不知道 pro$_i$ 多详细。

(36′) 他们想要雇一个会说一口流利的英语$_i$的人，但是我不知道 pro$_i$ 多流利。

(38′) 他压力很大，因为他的老板想要一份详细的单子$_i$，但我不知道 pro$_i$ 多详细。

七　介词滞留与介词宾语作关联语

一般认为，汉语是不允许“介词滞留”的语言，即汉语介词宾语不可以脱离介词单独移位或者被删略。但我们注意到有这样的截省句：

(39) 他们公司跟另一家公司签订了长期合作协议，但我不知道（是）哪家公司。

根据汉语介词和宾语不能分离的特点，我们可以判断（39）

中“哪家公司”的内部结构不可能是（40），而可能是（41），其中 pro 与先行语小句中的“另一家公司”同指：

（40）但我不知道［$_{CP}$（是）哪一家公司$_i$ ~~［$_{IP}$ 他们公司跟 t_i 签订了长期合作协议］~~］。

（41）但我不知道［$_{CP}$ pro（是）哪家公司］。

以上事实同样有助于说明假截省句分析的合理性。

第二节　空主语与汉语假截省句

经过考察语料库，我们发现汉语中大量的截省句都可以分析为假截省句，如：

（42）一双手通过坐在他旁边的人的头向他伸过来了。他握着这双手，但不知道［pro 是谁］。(BCC)

（43）她捻了小舅一把，问道：艺术之神是阿波罗吧？小舅应声答道：不知道［pro 是谁］。(BCC)

根据假截省句分析，以上例句中方括号里的小句中都包含一个空主语，该空主语和后面的谓语“是”字一起构成完整的疑问句，该空主语的所指可以从上文得到。在（42）和（43）中，空主语的所指分别为“这双手的主人”和“艺术之神”，相应的显性代词可以是“那”和“它”：

（44）……他握着这双手，但不知道［那是谁］。

（45）……小舅应声答道：不知道［它是谁］。

下面我们探讨汉语空主语的特点，并比较与截省句中的空代词的特点是否一致。

一　汉语空主语

空主语是汉语中常见的语法现象。在不同的研究中，空主语和其他名词性空成分一起可以有不同的名称，如：零形代词（zero - anaphora）、空代词（pro 或 PRO）、空论元（null argument）或自由空语类（free empty category）等。

空主语尽管没有语音形式，但却有语义内容。如（46）和（47）中的空主语（下文例句中用 e 表示）都有具体的所指：（46）的所指为谈话双方所共知的人或事物；（47）的所指则是“天”：

（46）e 赢了。

（47）e 下雨了。

假设两个人正在聊天，第三个人进来听到其中一个人说了（46），他便无法确知（46）的完整意义。同样，如果有人对着窗外说了（47）就很自然；而对着一堵墙说就有点奇怪。这都说明空主语是有实在意义的句法成分。

下面我们从空主语的先行语、先行语的位置以及空主语的所指等三个方面来探讨汉语空主语的特点。

（一）空主语的先行语

从直觉上讲，一个空成分（empty element）只有在其意义能够被恢复的条件下才能合法存在。空主语必须有一个可及的先行语，其意义才能得到恢复。尽管空主语的先行语不一定有显性的语言形式［如（46）和（47）］。

有的空主语可以根据语境恢复，在这种情况下，空主语的先行语很清楚，如（48）—（50）[①]：

（48）这本书我$_i$不看了，e_i没时间。

（49）他问过许多人$_i$，e_i都不知道。

（50）她有一个儿子$_i$，e_i去年参的军。

有的空主语无法补出，但其先行语也很清楚，如：

（51）他问我$_i$$e_i$可以不可以去。

（52）他问我$_i$$e_i$去不去。

（53）他问我$_i$$e_i$能不能去。

同样是复合小句，（51）—（53）中从句的主语可以空缺，空缺之后的句子意义仍然是完整的；但（54）中的小句主语“你”就不能空缺：

（54）他问我你去不去。

如果（54）的小句主语“你”空缺，句子会变得不合法：

（55）＊他$_i$问我$_j$$e_k$去不去。

（55）的不合语法是因为空主语“e”在主句中找不到与它同指（“你”）的先行语。

---

① 上文与空主语同标的成分为空主语的先行语，例句（48）—（54）引自吕叔湘（1983），下标为本书所增加。

如此，可以将空主语的特征之一概括为：空主语的先行语必须可及（即它必须在谈话语境或者上下文中找到先行语）。

根据 Sag（1976）所定义的深层照应（deep anaphora）和表层照应（surface anaphora），空主语与先行语之间的照应关系既可以是深层照应，也可以是表层照应。

（二）空主语先行语的位置

徐烈炯（2009：16）指出，隐性代词可以向后照应，显性代词则不可以。因此，由隐性代词充当的空主语的先行语可以位于后续小句中，这是显性主语所不具备的特征。如在（56a）中，显性代词“他”后指“约翰”时，句子不合法；而隐含代词充当的空主语后指“约翰”则没有问题。同样，显性主语“他”后指“张三”时，（57a）不合语法；空主语后指“张三”的（57b）则没问题。

（56）a. *他$_i$一进门，约翰$_i$就叫起来。
b. e_i一进门，约翰$_i$就叫起来。
（57）a. *他$_i$借了书之后，张三$_i$就离开了图书馆。
b. e_i借了书之后，张三$_i$就离开了图书馆。

由此，我们将空主语的特征之二概括为：空主语可以以后续小句中的成分为先行语。

（三）空主语的所指

空主语的先行语通常是名词性成分，其所指为个体，如以上（48）—（53）皆是如此。但空主语的先行语也可以是一个句子，其所指为句子所陈述的整个事件，如：

(58) 突然，一片树叶从树上掉下来，e 把小老鼠吓了一跳。

(59) 他头上戴着一朵花，每个看到他的人都觉得 e 很好笑。

在（58）中，空主语的所指不是“一片树叶”，而是前面的小句“一片树叶从树上掉下来”所陈述的整个事件。（59）中，空主语的所指不是“他”，而是“他头上戴着一朵花”这一事件。

由此，我们将空主语的特征之三概括为：空主语的所指既可以是个体，也可以是事件。

二　空主语与假截省句中的空代词

如果“假截省句”分析对汉语截省句内部结构的描写是正确的，那么依据该分析方案，截省句中的空代词应与汉语空主语具有相似的特点。事实确实如此。

首先，如前所述，汉语论元型残余疑问词的关联语不能是隐性的，其原因在于隐性论元的意义不凸显，所以不能在后文用代词指代。换言之，当关联语为隐性时，截省句指代个体的空代词的先行语不可及，因此句子不合语法。

其次，汉语截省句中空代词的先行语（也即空代词的关联语）可以位于截省句之后，如：

(60) 虽然不知道 e_i 几岁，但我知道张三有个女儿$_i$。

但由显性代词充当主语的完整疑问句却不合语法，如：

(61) ＊虽然不知道她$_i$几岁，但我知道张三有个女儿$_i$。

（60）的合法性与隐含代词可以后指的特点是一致的，而（61）中第一分句的显性代词却无法与后续小句中的名词性成分共指。这有助于说明（60）中包含一个由空代词充当的主语。

最后，假截省句分析认为，根据疑问词短语的句法功能不同，pro 的所指可以是论元或者事件，可分别解释为 E－类代词或事件性空代词。该分析与汉语空主语既可以指称个体又可以指称事件的特点也是一致的。

第三节　假截省句分析的局限

前文的讨论充分说明，“假截省句分析”能够解释大量的汉语事实，并且与汉语的空主语的特征一致，此外，该分析不涉及疑问词的显性移位，与汉语的疑问词在原位（wh－in－situ）的类型特征相吻合。但我们发现，汉语中存在一些“假截省句分析”无法解释的语言事实，这些事实至少来自三个方面。

第一，和英语一样，汉语中也存在如下对比型截省句（contrast sluicing），假设这类截省句也是假截省句，那么其中 pro 的所指究竟是什么？无论是 E－类代词还是事件论元，都难以为以下句子中空主语（如果存在的话）的所指提供令人满意的解释。

（62）我知道他养了一只猫，但我不知道（？pro）几只狗。

（63）我知道他下周举行婚礼，但我不知道（？pro）在哪儿。

第二，在汉语中，类似（64）这样的结构可以有两种截省形式：

(64) a. 他 *(跟一个人)去上海了，但我不知道是谁。

b. 他(跟一个人)去上海了，但我不知道跟谁。

(64a)和(64b)的语义相同，但句式有别：在(64a)中，介词短语“跟一个人”不可缺少，而(64b)中的介词短语却无须强制性出现。我们认为，二者代表了汉语中两类不同的截省句，即：假截省句和典型截省句。(64a)属于假截省句，(64b)属于典型截省句。

(64a)中的介词短语如果空缺，那么后续截省句中的空代词会以一个隐含成分为先行语，而后者是不可及的，因而句子会不合语法。而(64b)是典型的截省句，其内部结构中不存在空代词，因而不会违反可及性条件，所以介词短语“跟一个人”的出现是自由的。

第三，如前所述，汉语论元型截省句与英语假截省句的关联语都不可以是隐性的。但附加语型截省句的关联语却可以是隐性的，这一点与英语假截省句不同，而与英语典型截省句相似。比较：

(65) a. * He fixed the car, but I don't know when/ why/ it was.

b. 他修好了车，但我不知道是什么时候/是为什么。

(66) a. He fixed the car, but I don't know when/ why.

b. 他修好了车，但我不知道什么时候/为什么。

(65a)和(66a)说明，英语假截省句的代词主语不能以隐性成分为先行语；而英语典型截省句则可以以隐性成分为关联语。通过与英语的比较，我们可以初步得出如下结论：汉语附加语型截省句与英语假截省句不同，后者与英语典型截省句更为接近。

除了以上证据，有些真实语料也可以较为清楚地表明汉语中不仅仅存在假截省句，还存在典型的截省句，如（67）中的句子：

（67）“若不是你父亲教的，是谁教的?”王动道：“我也不知道［是谁］。”（BCC）

在（67）的语境中，截省句小句“是谁”最自然的完整解释为“是谁教的”，而非“pro 是谁”。

此外，尽管汉语空主语可以指称小句，但对于附加语型截省句来说，采用“假截省句分析”并非没有问题。根据“假截省句分析”，附加语型截省句前面的 pro 是事件性 pro。但在汉语中，当主语为事件时，充当谓语的疑问词短语前面同样需要系动词“是”强制性出现，如：

（68）我不知道她突然大笑 *（是）为什么。

而在“假截省句分析”方案下，“是”的出现却是自由的。

小　结

本章的分析表明，“假截省句分析”方案具有较强的解释力，可以为汉语截省句的诸多特征提供合理的解释，这些特征包括：“是”的强制性出现、不可重建的截省句的内部句法结构、论元型截省句和附加语型截省句的关联语在隐性和显性上呈现出的不对称性特点、表方式的疑问副词不能构成截省句、“是”与“怎么样”不能共现、汉语截省句不受对左分支条件的影响、一般不允许介词悬空的汉语却允许其介词宾语作截省句的关联语等。

本章还分析了汉语空主语的主要特点，这些特点包括：空主语的先行语必须可及、空主语的先行语可以位于后续小句之中（这一点与显性代词的照应语不同）、空主语的所指可以是个体或者事件等。通过与空代词主语的比较，我们发现，汉语截省句中的空主语也具有以上特点。汉语假截省句分析中的空代词与汉语的一般空主语之间的相似特征为该分析方案提供了更多事实依据。

"假截省句分析"方案之所以可以解释本章所描述的大量语言事实，其根本原因在于汉语中存在大量的假截省句，本章所讨论的汉语截省主要是假截省句。但本章第三节的分析表明，"假截省句分析"无法解释汉语中所有类型的截省句，除了假截省句之外，汉语中还存在典型的截省句，对于这些典型的截省句，我们需要寻求其他途径进行解释。

第七章

逻辑式复制途径与汉语截省句

假截省句分析可以正确解释汉语中的假截省句，而对于汉语中的典型截省句，我们需要寻求另一种合适的途径。本书第四章第四节的有关分析表明，采用“移位 + 删略”的方案解释汉语截省句在理论和经验上都存在一些困难。因此，我们试图寻找一种不需要疑问词的显性移位的解决办法，而省略的逻辑式复制途径（LF – copy approach）正是这样一种思路。

本章采用对截省句在逻辑式层面进行恢复的办法来解释汉语典型截省句①。我们将介绍 CLM（1995）提出的一种具体的逻辑式复制办法——IP 循环（IP recycling），并依照这一理论框架对汉语截省句进行解释。

逻辑式复制途径的一个明显的优势是，它不需要对省略成分进行表层句法结构的重建，而是在逻辑式层面直接对其进行逻辑式的重建，从而解释省略成分的意义。这样就可以避开省略成分与先行语在句法上的机械对应，从而解决了建立在疑问词移位基础上的各种语音删略方案解释原位疑问词语言的困难。

IP 循环是一种在逻辑式层面对截省句进行解释的理论，它有两个重要理论前提：其一是省略部分与先行语之间存在等同关系

① 为了陈述简洁，如未做特殊说明，本章所说的“汉语截省句”均指汉语中与英语典型截省句类似的截省句，与汉语的假截省句无关。

[尽管 CLM（1995）并没有明确指出这一点]；其二是 Heim（1982）提出的不定名词理论。

本章将在省略的等同条件基础之上，结合 Heim（1982）的不定名词理论、Cheng（1991）等对汉语疑问词与不定名词关系的研究成果，分析逻辑式复制途径的理论优势和用它来解释汉语中典型截省句的合理性，最后采用逻辑式复制法对汉语典型截省句的生成与理解进行解释。

第一节　省略的等同条件

本书第二章及第五章都曾涉及省略句的句法等同概念。作为省略句式基本条件之一，省略的等同条件或平行性条件（parallelism requirement）规定了被省略的成分在句法结构或语义解释上应与其先行语等同或保持平行。先行语和省略成分之间的这种等同或平行关系对于如何解释省略句的句法机制至关重要，是省略句式研究中的一个重要课题。

对于等同条件究竟是语义上的要求还是句法上的要求，不同的学者持不同的看法：有的学者认为它是句法上的要求（如 Lasnik，1972；Sag，1976；Ristad，1993；CLM，1995，等等），有的学者认为它是语义层面或者语义上的要求（如 Chomsky，1995；Heim & Kratzer，1998；Merchant，2001，等等），另外有些学者认为它是语用层面的要求（如 Asher& Busquets，2001）。

我们认为，平行或等同条件既可以是句法上的也可以是语义上的，因为句法和语义之间存在对应关系，句法结构是语义解释的基础。句法和语义之间的对应关系是同态的（homomorphic）关系[①]，

① 关于同态（homomorphic）概念的详细解释和说明可参阅方立（1997）。

也就是说，一种句法结构对应一种语义解释。不同的句法结构也可能对应同一种语义解释，反之则不然。句法上的等同或平行必然会反映在语义上，二者在一定情况下可能有偏差，当二者不一致时，我们倾向于取语义上的等同。因为语义层面（或逻辑式层面）是一个没有歧义的层面，这个层面上建立的等同关系会更加准确。

从理论上讲，等同条件至少在两个方面起作用：一方面，它是省略在句法或语义上的必要条件，一个成分只有在句法或语义上与先行语等同时，才可以以不发音的形式出现；另一方面，对一个没有语音形式但具有语义内容的空成分（empty element）进行句法重建或语义解释时，也是以等同条件为基础的。

等同条件可以很方便地运用于形式较简单的省略（如 N－删略、剥离及 VP 省略等），因为在一般情况下，这些省略结构与其先行语[①]之间在句法结构上有着严整的对应关系。作为省略的基本规则，等同条件应该适用于所有类型的省略结构。

从直觉上讲，等同条件是很容易理解的：一方面，如果一个省略的成分在某个句法层面或语用层面找不到与之等同的先行语，那么句子就会变得不可理解；另一方面，等同条件也可以避免不合法省略句的产生：

（1）a. *老师在张三~~读完这篇中文资料~~之前读完了那篇英文资料。

b. 老师在张三之前读完了那篇英文资料。

c. 老师在张三读完这篇中文资料之前读完了那篇英文资料。

（2）a. *他坚持要让经理道歉才肯坐下来谈判，我不知

① 这里指有显性语言形式的先行语，不包括由会话环境决定的内容。虽然二者在功能上是一致的，但后者一般是语用学研究的对象，当然也有学者把二者统一起来进行研究，如 Hankamer 和 Sag（1976），Chung（2005）等。

道为什么~~经理冒犯了他~~。

b. 他坚持要让经理道歉才肯坐下来谈判，我不知道为什么。

c. 他坚持要让经理道歉才肯坐下来谈判，我不知道为什么经理冒犯了他。

上面例句中的（1a）和（2a）中的省略不合语法，是因为删略之后的句子（1b）和（2b）与删略之前的句子（1c）和（2c）在句法和语义上均不等同。句法操作改变了语义，因而该句法操作不合法。

既然等同条件（或平行性条件）是句子省略需要遵循的一个基本条件，那么对截省句的分析也应该以不违背等同条件为前提。事实上，在对截省句进行语义解释时，语义等同是首要的前提。

第二节　等同条件与逻辑式复制理论的优势

逻辑式复制法的前提是，省略成分需要有一个明确的语言形式[①]作为它的先行语（详见 Hankamer & Sag，1976；Rooth，1992，等等），并且被省略的成分和其先行语的逻辑式应保持等同（参见

---

① 这里“明确的语言形式”指具有实际语音表达形式的语言形式。Hankamer & Sag（1976）用了下面对立的例子来说明什么是具有明确的语言形式的先行语：

（Hankamer 试图把一个 9 英寸的球塞进一个六英寸的环里。）

（i）Sag：It's not clear that you'll be able to.

我们可以想象 Hankamer 如括号里描述的那样做了，因此上面句子中的省略没有相应的明确的语言形式作为先行语，只有一个伴随的动作。Hankamer & Sag 认为，（i）不能被合适地（felicitously）理解为：It's not clear that you'll able to push that ball through that hoop. 尽管相关的场景和动作可以指明这一点。除 Hankamer & Sag（1976）之外，也有的学者把这种由谈话环境中的动作或线索指明或暗示的省略与具有先行语的省略同等对待，见 Chung（2005）、李艳惠（2005）等。

Sag，1976；Williams，1977；Heim & Kratzer，1998，等等）。

我们在上一小节讨论了句法和语义等同的问题，尽管省略成分与先行语之间的等同既可以在显性句法层面也可以在逻辑式层面，但本小节将以语义等同或者逻辑式层面的等同作为基础。如此处理，在理论上有什么好处呢？

我们以研究比较成熟的动词短语省略为例来说明语义等同的优势。在动词短语省略中，当先行语中存在辖域歧义时，被省略的部分也同样存在辖域歧义，并且二者在语义解释上是平行的（参见 Heim& Kratzer，1998）。换言之，省略部分的意义总是根据先行语的意义变化而变化：如果先行语有歧义，省略部分也会有。如果将等同关系建立在句法上，就无法反映省略部分与显性语之间在语义上的这种一致性。对省略部分的完整解释应该能够包含句子的不同意义，而只有在语义上或在逻辑式层面建立的等同关系才能满足这一要求。而句法上的完全等同常常因为句子的时、体等因素而无法实现。但句法等同也并非完全没有价值，二者可以互相补充。如：

（3）张三给了每个老师一篇论文，李四却没有__。

（3）中省略部分的先行语是动词短语“给了每个老师一篇论文”。根据句法等同，被省略的部分应与先行语平行或等同，即“给每个老师一篇论文”（由于否定的原因，体标记“了”在省略部分不再需要）。

由于（3）中先行语部分包含两个量化短语（“每个老师”和“一篇论文”），句子相应的部分会因两个量词的辖域关系不同而产生歧义。具体讲，在不同的辖域关系下，（3）中第一个分句可以有两种语义解释，分别为（4）和（5）：

(4)“每个老师”的辖域大于“一篇论文”，逻辑表达式为：

$\forall$ x [[老师’(x) → $\exists$ y [论文’(y) ∧ 给’(张三’, x, y)]

(简单理解为：“对每个老师 x 而言，都有一篇论文 y，并且张三把 y 给了 x。”)

(5)“一篇论文”的辖域大于“每个老师”，逻辑表达式为：

$\exists$ y [论文’(y) ∧ $\forall$ x [老师’(x) →给’(张三’, x, y)]

(简单理解为：“有一篇论文 y，对每个老师 x 而言，张三都把 y 给了 x。”)

(4)和(5)的不同在于：在“每个老师”取宽域的情况下，张三给老师的论文可能是不同的；在“一篇论文”取宽域的情况下，张三给老师的论文一定是同一篇。

(3)中省略部分具有相同的辖域关系和歧义：当先行语具有(4)中的辖域关系时，省略部分也具有相应的解释，即“每个老师”辖域大于“一篇论文”。相应地，(3)的第二个分句的语义解释为“对每个老师 x 而言，李四没有给 x 一篇论文 y”；当先行语具有(5)中的辖域关系时，(3)中的省略部分同样也作相应解释，即“一篇论文”的辖域大于“每个老师”。相应地，(3)的第二个分句的语义解释为“不存在这样一篇论文 y，对每个老师 x 而言，李四都把 y 给了 x”。

从基础句法形式出发，按照句法等同条件，(4)的完整句法形式(6)可能会产生(6a)—(6d)四种解释(符号“¬”表示非运算，相当于自然语言中的“并非”)：

(6) 张三给了每个老师一篇论文，李四却没有给每个老师一篇论文。

a. ∀x[[老师'(x) → ∃y[作文'(y) ∧ 给'(张三', x, y)] ∧ ¬ ∀x[[老师'(x) → ∃y[作文'(y) ∧ 给'(李四', x, y)]

b. ∃y[作文'(y) ∧ ∀x[老师'(x) →给'(张三', x, y)] ∧ ¬ ∃y[作文'(y) ∧ ∀x[老师'(x) →给'(李四', x, y)]

c. ∀x[[老师'(x) → ∃y[作文'(y) ∧ 给'(张三', x, y)] ∧ ¬ ∃y[作文'(y) ∧ ∀x[老师'(x) → 给'(李四', x, y)]

d. ∃y[作文'(y) ∧ ∀x[老师'(x) →给'(张三', x, y)] ∧ ¬ ∀x[[老师'(x) → ∃y[作文'(y) ∧ 给'(李四', x, y)]

如果只考虑基础句法结构上的平行，上面四种解释都是可能的。但实际上，只有（6a）和（6b）的解释与（6）以及（3）的语义相符，这两种语义正是前文分析过的两种建立在语义等同基础上的解释；（6c）和（6d）尽管并不是（6）的正确意义，但句法上的等同却无法将这两种解释排除。

语义上的等同不但可以排除歧义，还为建立逻辑式层面和语音层面的联系提供了可能。Heim 和 Kratzer（1998）提出省略的逻辑式等同条件（LF identity condition on ellipsis）正是如此［也见于第五章（87）］：

(7) 省略的逻辑式等同条件（Heim & Kratzer, 1998: 250）：

只有当一个成分是另一个成分在 LF 层面的复制时，这个成分才可以在 PF 层面被删除。

这一等同条件同时涉及 LF 层面和 PF 层面，是一种把语音删除与逻辑式复制结合起来进行研究的思路。Chomsky（1995）曾经指出，语义层面的某些操作和特征是否也存在于语音层面并不清楚。(7）实际上就是一个把两者联系起来的成功尝试。从直觉上讲，如果一个省略的句法成分在 LF 层面得不到合适的表达，那么 PF 层面的删除必然会造成一个意义不可理解的句子。

另一方面，如果一个成分在 LF 层面可以借助先行语而获得 LF 表达式，那么就可以进一步认为它在语音层面可以以空缺的形式表达，这样就使得 PF 层面的删略操作不再需要。如此处理不仅减轻了 PF 层面的负担，同时也解决了在该层面不好解决的曲折形态变化的诸多问题。可见，建立在语义等同基础上的逻辑式复制理论，既有经验支持，也具备理论上的优势。

第三节　允准条件与语音删除理论的不足

等同条件只是省略的必要而非充分条件，因为我们很容易证明，并不是所有在语义或句法上与先行语等同的成分都可以被省略，如：

(8）张三喜欢音乐，李四~~喜欢~~电影。

这个句子第二个分句与第一个分句中的动词完全相同，尽管第二个分句中被删除的部分与先行语的句法语义均等同，但删除操作却会造成不合语法的句子（9）：

（9）＊张三喜欢音乐，李四__电影。

当然，更不能省略第一个分句的动词，变成：

（10）＊张三__音乐，李四喜欢电影。

但在有的语言中，与（9）对应的句子却是合乎语法的（如英语）。可见，省略除了语义上的等同，还应该有一些句法上的允准条件。这些允准条件会因不同的语言而不同，往往能反映各种语言的个性特征，比如与（9）相应的英语的句子（11）就是一个合格的句子：

（11）John likes movies，and Bill __concerts.（引自 Chao，1987：15）

（约翰喜欢电影，比尔__音乐会。）

因此有必要进一步规定省略在句法上的允准条件①（Licensing Condition），以生成某种具体语言中合乎语法的省略句。如 Saito 和 Murasugi（1990）及 Lobeck（1990，1995）认为：通过管辖的办法，一个具有一致特征的功能中心语（C，I，D）可以允准其补足语省略。根据该观点，被省略的只能是补足语位置上的句法成分，而不能是核心语②。

允准条件是在语音删除理论框架下的限制条件。按照语音删略的途径，被删略的成分在显性句法层面（即与 PF 和 LF 同时相

① 有关省略的允准条件的研究很多，详细的研究可参阅 Chao（1987）、Lobeck（1995）、Li（2005）、Lobke（2010）等。

② 英语的动词空缺句是个例外，尽管有的学者并不认为动词空缺句是省略句，如 Jackendoff（1971）、Lobeck（1995）等。

关的部分）是存在的，只是在语音层面才被删除。语音删除方案的好处在于，根据该方案，向 LF 层面输出的是一个完整的句子，这样就不必假设在 LF 层面需要某些特殊的规则来对省略的部分进行语义恢复（Chomsky，1995：125）。但一个句子成分能否被删除，要受到允准条件的限制。

假设汉语截省句也同样遵循允准条件，那么被省略的部分在句法上应该是被某个核心语所允准的。这个核心语不可能是疑问词，因为疑问词本身不在功能性成分的核心语位置，也不可能选择另一个成分作为自己的补足语。根据前文的分析，在英语类截省句中，这个可以允准省略的核心语应是 CP 的核心语 C。

在汉语中，是什么成分允准了截省句的省略呢？从表层句法形式观察，我们可以发现，这个允准截省句省略的功能性成分不应该是 C。以处在论元位置的疑问词为例，在句子的表层形式上，该疑问词在疑问句中仍然占据其原始位置。如果是疑问句的核心语 C 允准省略，就会把疑问词也省略掉，但实际上，疑问词是没有被省略的。一个简单的例子如下：

（12）张三要见一个人，但我不知道谁。

该句截省句部分的结构可以表示为（13）：

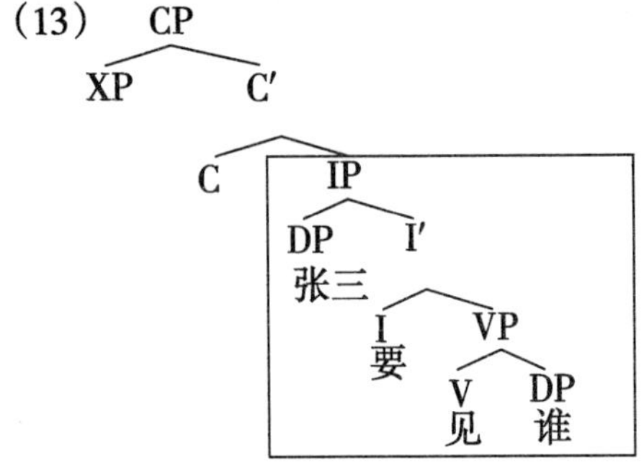

如（13）所示，如果功能性中心语 C 可以允准其补足语省略的话，那么将会把包括疑问词在内的整个疑问句（方框中的部分）都省略，这样一来，疑问词就没有办法遗留下来，从而也不可能生成（12）中的截省句。

另一个明显的问题是，假如（13）确实正确描写了（12）中截省部分的内部结构，语音上的删略操作也会违反 Heim 和 Kratzer（1998）提出的 LF 等同条件。因为先行语是“张三要见一个人”，省略的部分却是“张三要见谁”，二者在 LF 层面不等同，因此对“张三要见谁”的删略操作将是不合法的。

如果继续按照 PF 删除的途径进行思考，即便不考虑语义等同的问题，理论上只有两种可能的选择：

其一是假设疑问词仍留在原来的位置，关联语处于不同位置时，截省句省略的部分也不同，比如：

（14）张三看见了一个人，但我不知道［~~张三看见了~~谁］。

（15）有个人看见了张三，但我不知道［谁~~看见了张三~~］。

因为（14）和（15）的关联语“一个人”和“有个人”分别处于宾语和主语的位置，因此（14）和（15）省略了不同的内容，但这样解释显然很不理想。首先，同样是截省句，但省略的却是不同的句法成分；其次，违反了省略的允准条件，因为在（14）和（15）中找不到一个合适的功能性核心语允准被省略的成分；不仅如此，省略的部分可能不是一个连续的句法成分，如“张三看见了”。

其二是假设所有不同位置的疑问词都从原来的位置移到了一个较高的位置，并且此位置是某个功能性成分的指示语，这样，该功能性的核心语就可能允准后面的成分省略。这正是第四章讨论的各种“移位说”的基本思路。虽然作为附加语的疑问副词在汉语中位置相对灵活，但疑问代词的位置却是固定的。因此无论是受疑问特征、焦点特征还是话题特征的驱动，根本上都与汉语疑问句中的疑问词一般不移位的事实相去甚远，在经验上较难被接受。

通过上面的讨论我们可以看到，在语音删除理论框架下来解释汉语截省句，将会面临两难境地：一方面，整齐一律的疑问词移位不符合汉语事实；另一方面，句法上的等同条件和允准条件则要求疑问词移位。

基于以上讨论，我们认为，在逻辑式层面对汉语截省句进行语义恢复是一种更为合理的解决办法。

第四节　原位疑问词在逻辑式层面的位置

CLM（1995）构造的逻辑式复制理论的一个核心组成部分是：为截省部分构造出的逻辑形式必须为疑问算子提供一个可供约束的自由变量，而这一分析的基础是 Heim（1982）和 Kamp（1984）等提出的关于不定名词的理论。

为了更好地理解 CLM 的理论，并将其合理运用于汉语截省句，我们下面首先介绍 Heim（1982）的不定名词理论，然后比较原位疑问词与不定名词在语义上的相似点，最后探讨汉语疑问词在逻辑式层面的位置。

一　不定名词与疑问词

关于不定名词的研究，比较有代表性的是 Lewis（1975）和 Heim（1982），后者在前者的基础上发展而来，具有更大的影响力。Heim（1982）认为不定名词没有内在的量化力量（quantificational force），它在逻辑表达式中是一个变量，但其他一些具有量化力量成分的约束可以使它产生量化力量。如用量化副词或通过存有完封（existential closure）规则引入一个隐性的存在量词对不定名词进行约束，可以使不定名词具有量化力量。

按照 Heim（1982）的假设，量化句子可以分析为一个由量化成分、限制小句和核心域构成的三分结构，如含有量词的句子（16a）可分析为（16b）中的三分结构：

（16）a. 每个私人侦探都侦破了一个案子。

b. ∀（x）私人侦探（x）（案子（y）∧x 侦破 y）

量词　　限制小句　　　　核心域

在（16b）中，限制小句规定量词“每个”所量化的事物“x”是由“私人侦探”所组成的集合。不定名词组“一个案子”的逻辑表达式为“案子（y）”，其中包括一个自由变量 y。为了得到一个正确的逻辑表达式，使得该不定名词具有量化力量，可以引入存有完封规则。依照该规则，可以采用存在量词对（16b）中包含不定名词的核心域进行的约束，其结果为（17）：

（17）∀（x）私人侦探（x）∃（y）[（案子（y）∧x 侦破 y）]

据此，不定名词短语也可以用三分结构进行解释，如对包含不定名词的（18a）进行三分结构分析的结果是（18b）：

（18）a. 张三喜欢一本书。

b. ∃（x）　书（x）　张三喜欢 x

量词　限制小句　核心域

值得一提的是，Deising（1992）认为不定名词不能做一致的处理，按照她的看法，存在两类不定名词，分别可以有两种解读，一种是基本解读（cardinal reading）的不定名词，Deising 对这类不定名词的解释和 Heim 的解释是一致的，即都是通过存有完封引入一个存在量词来对不定名词进行约束；另一种是预设解读（presuppositional reading），这种解读等价于典型的量词，因此要进行量词提升。Deising 根据 Milsark（1974）对强式量词和弱式量词的语义划分，把基本解读的不定名词称为弱式量词，把预设解读的不定名词称为强式量词。前者的逻辑表达式是一个三分结构，后者的逻辑表达式要通过量词提升来完成。

尽管 Deising（1992）认为 Heim（1982）的不定名词理论并不能解释所有的不定名词，但她仍然承认典型的不定名词（或弱式量词）的逻辑表达式是一个三分结构。

综合以上分析，典型的不定名词本身是没有内在的量化力量的，但它仍然可以通过其他途径受到约束，并且其逻辑表达式是一个三分结构。

疑问词与不定名词之间的关系可以追溯到 Chomsky（1964）、Katz 和 Postal（1964）等，他们认为英语中的名词性疑问词 who 和 what 可以分别分析为［wh + someone］和［wh + something］，按照这一观点，这类疑问词是由一个带疑问特征的语素和一个不定名词组合而成的。Cheng（1991）指出，在汉语、日语、韩国语以及马图苏利那语、达里语及潘尼基马语①中也可以发现疑问词和不定名词之间有密切的关系，具体表现为：前三种语言的疑问词和不定名词之间的转换没有显性的形态（或词汇）标记，而后几种语言有显性标记。

Nishigauchi（1990）认为日语的疑问词实际上可以处理为不定

① 马图苏利那语（Martuthunira）属于澳洲语；达里语（Diyari）是现代波斯语的一种；潘尼基马语（Panyjima）属于澳洲土著语。这几种语言都是允许多个疑问词前置的语言（Mutiple – wh – fronting language）。详见 Cheng（1991：79—81）的相关讨论。

名词，因为它们缺乏内在的量化力量，总是需要一个约束者（binder）。Cheng（1991）在此基础上对汉语疑问词进行了分析，指出汉语疑问词也与不定名词相似，表现在这些疑问词总是需要一个隐性的或显性的约束者。根据约束者和解读的不同，汉语的疑问词可以区分为疑问解读、存在量词解读和全称量词解读三种情况。

Cheng（1991）认为，汉语的疑问语气词是一个约束者，通过疑问语气词对疑问词的约束，可以使得疑问词获得疑问解读。如：

（19）张三在看什么（呢）？

疑问词在一般疑问句、否定辖域内和是非问句中可以被解释为存在量词，这种解释可以是选择性的也可以是强制性的，比较：

（20）张三买了什么吗？

（21）李四有没有买什么？

（22）张三没有买什么。

其中（20）可以解释为表示疑问的词也可以解释为存在量词，（21）和（22）则只能是存在量词。

在一定句法条件下，疑问词还可以作全称量词解读，如：

（23）她什么都没想。

（24）这本书谁都看过。

以上两例中的“什么”和“谁”都可以解释为“任何事”或“任何人”，相当于全称量词。

基于以上分析，Cheng（1991：123）将疑问词受约束的条件以及相应的解读总结如下：

（25）a. Q wh ……………wh（疑问解读）

b. Q（是非问）…wh（极性词或存在解读）①

c. 否定 ……………wh（疑问/极性词/存在解读）

d. wh…………………都（全称解读）

其中，Q表示疑问语素，Qwh表示疑问语气词，wh表示疑问词。从（25）我们可以看到：决定疑问词如何解读的因素有：疑问语气词（“呢”或者其隐性形式）、是非问（或A－不－A）、否定标记、“都”等。

综上所述，汉语的疑问词本身没有内在的量化力量，但它可以通过一定的句法手段获得量化解读，这一点与不定名词是相似的。汉语疑问词的这些特征与其在LF层面的表达密切相关，即当它构成一个疑问句时，这个疑问句在LF层面可以投射为一个三分结构。所不同的是，在没有其他算子的情况下，对疑问词（在疑问句中）的约束是通过一个在语音上为空位的疑问算子来实现的。

---

① 关于汉语疑问词作极性词（polarity items）的分析可参见Huang（1982），Huang认为汉语的疑问词在一定条件下可以用作极性词，而后者相当于存在量词（Laudsaw，1979）。Huang（1982：241）列举了汉语疑问词作疑问解读和量化解读时分别与英语的疑问词和量化名词短语的对应情况：

词例	疑问解读	量词解读
谁	who	anybody
什么	what	anything
哪	which	any
何时	when	any time
哪里	where	any place
怎么	how	any way
为什么	why	any reason
A－不－A	whether A or not	no matter whether A or not

因此，汉语疑问句在 LF 层面所构成的三分结构由疑问算子、限制域（对疑问算子的约束范围作限制）和核心域所组成。

二　疑问词的逻辑式层面移位与量词提升

Cheng（1991）提出，如果一种语言的疑问句允许疑问词停留在原位，那么就可以认为这种语言没有句法上的疑问词移位①。汉语正是这样一种语言，尽管汉语疑问词有时也可以提到句首的位置（如充当话题时），但其无标记形式仍然是停留在其原始位置。

英语疑问句中疑问词的位置比较高，它实际上是一个算子，在句法上约束它的语迹，这个语迹被称为变量（variable）。但是原位疑问词的情况有所不同，Huang（1982）从动词对其论元的选择要求（selectional requirements）、局部效应（locality effects）和疑问词的辖域（scope of wh - words）三个方面对汉语疑问词在 LF 层面（即逻辑式层面）的移位问题进行了分析，证明汉语疑问词的移位发生在 LF 层面。

Pesetsky（1987）认为原位疑问词可以由两种途径获得辖域：第一，在 LF 层面移位；第二，按照 Baker（1970）的建议，被一个 Q 语素所约束。但 Pesetsky（1987）指出，只有话语连接（D - linked）型疑问词才能按照第二种方式获得辖域，比如（26）：

（26）你买了哪本书？

这个问句中的“哪本书”把答案限定在听话人和说话人共知的范围之内，因此被称为话语连接型疑问词。

根据 Pesetsky（1987），话语连接的疑问词和非话语连接关联

① 法语可能是一个例外，因为法语只有主句的疑问词是原位的；这一点与汉语不同，后者无论主句还是内嵌句，疑问词都在原位。

疑问词之间的区别是，前者是非量化词，因此不需要在 LF 层面移位，而是被一个 Q 语素所约束。后者是量化词，因此需要在 LF 层面移位，因为移位可以使量化词产生辖域，从而得到合适的解读。Reinhart（1990）则从辖域歧义的角度证明所有的疑问词都必须移位才可以得到合适的解释。

为了对汉语疑问词在 LF 层面的位置作出一致的描写，Cheng（1991：213 - 214）融合了 Pesetsky（1987）和 Reinhart（1990）的观点，构建出一个后 LF（post - LF，或 LF′）层面，指出非话语连接的疑问词的移位发生在 LF 层面，话语连接的疑问词的移位发生在后 LF 层面。

但并非所有的观点都支持原位疑问词语言中的疑问词在 LF 层面移位，如 Mahajan（1990）认为疑问词在 LF 层面直接附接到了 IP 的位置。Kim（1990）也认为汉语、日语和韩语中的疑问词没有显性移位，是因为这些语言中的疑问词与英语的疑问词性质不同，前者相当于量词，因此只有 LF 层面的量词提升，而不存在句法移位。

我们比较赞同 Cheng（1991）的看法，即原位疑问词语言中的疑问词并不具备量化力量，因此也不存在 LF 层面的量词提升问题。原位疑问词根据性质不同分别在 LF 层面和后 LF 层面产生移位。

以上讨论可以说明两点：第一，原位疑问词在 LF 层面产生移位是有充分理论依据的；第二，无论是 LF 移位还是量词提升，都说明原位疑问词在 LF 层面的位置应该是在 IP 之上。

尽管疑问词是否在 LF 层面移位并不影响将一个复制的 IP 运用于 LF 层面，但有关汉语疑问词在 LF 层面移位问题的讨论，为我们运用 LF 复制理论来解释汉语截省句提供了依据。因为通过上面的讨论我们可以看到，汉语疑问词在 LF 层面处于一个较高的位置。只有在这个基础上，复制先行语 IP，并重建 LF 表达式才有可能。

三　截省句与三分结构

句法结构关系可以反映语义层面的结构式是如何产生的，因此句法结构上的约束关系与句子的语义约束关系应该是一致的。在句法层面，疑问词必须约束某个位置，而处于这个位置上的成分应该是一个变量，如此才能在语义层面对疑问句作出合理解释。下面我们以（27）为例，来说明汉语疑问句在句法和语义上的对应关系，以及句法上的结构关系是如何通过 LF 层面的移位构造出相应的逻辑表达式的：

（27）张三看见了谁？

a. 显性句法结构

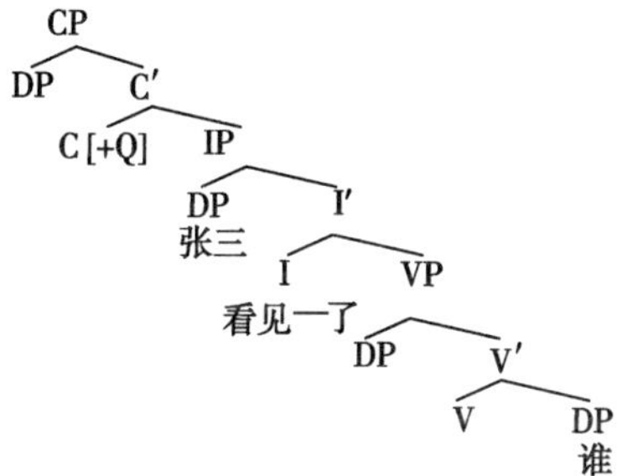

b. LF 层面移位

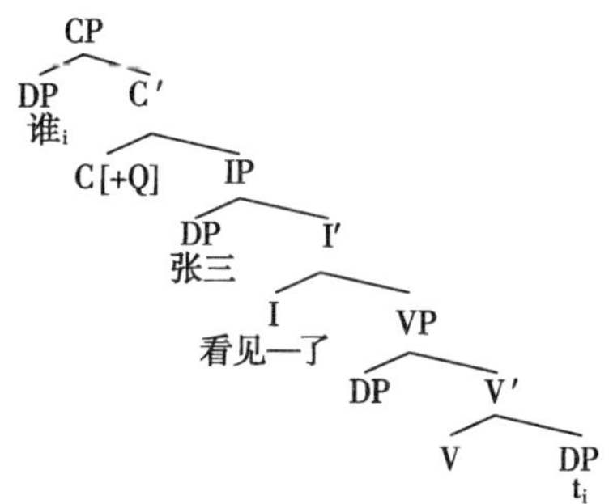

c. 逻辑表达式：λP［（∃x：人（x））［P =［看见（张

三，x)]]]

根据 Berman（1991）的建议，一个完整的疑问句也是一个三分结构，即：疑问算子、核心域和限制小句。实际上，（27c）正是这样一个三分结构：其中“［看见（张三，x)］”是核心域，它在语义上是一个命题函数；限制小句“∃x：人（x)”对这个命题函数的论域进行限制，疑问算子 Q 把整个疑问句的解释限制为一个由命题所组成的集合，或者对一个命题函数进行约束，在（27c）中相应的部分是 λP。

既然截省句在语义上是一个完整的疑问句，那么它在 LF 层面具有可以投射为三分结构的完整表达，这是 CLM（1995）提出的 IP 循环理论的一个重要理论基础。

第五节 IP 循环与汉语截省句的语义解释

按照 LF 复制的思路，对截省句的解释是为空缺的 IP 提供一个逻辑式，IP 循环实现了这一目的。IP 循环理论是 CLM（1995）提出的一种具体的 LF 复制理论，具体的手段是重新运用（reuse）先行语小句 IP，为截省句构造出一个完整的逻辑式，因此称为 IP 循环（IP recycling）。

CLM（1995：240）指出，LF 层面的操作具有两个明显的优势：其一，它可以为截省句提供最好的有效的解释；其二，从当代句法和语义理论的观点来看，这一操作不仅是普遍的而且是可行的。

IP 循环有两个重要的组成部分：其一，为截省部分构造的逻辑式必须为疑问算子 Q 提供一个可以约束的自由变元，这一分析的基础是 Heim（1982）提出的不定名词理论（详见本章第四节）；其二，在逻辑式中所构造出的自由变元受一定的限制，即它应该可以借助论元结构得到说明，能够反映论元结构和句法结构之间的关系。

一　IP 循环及截省句的再分类

按照语义复制理论，截省句中的空位 IP 由基础生成（见 Lobeck，1991；CLM，1995；Merchant，2001/2004，等等）。其中截省句的完整结构是一个带有疑问特征的 CP，其指示语位置［Spec，CP］被疑问词占据，核心语 C°带有“［+Q］”和“［+E］”两个特征，前者要求其指示语为疑问词短语，后者则要求其补足语 IP 为空位，如图所示：

(28)

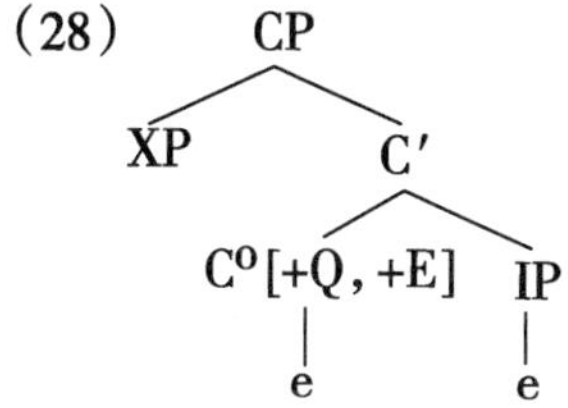

CLM（1995）指出，IP 循环的基本目标是为截省句中空缺的 IP 构造一个逻辑形式，而这个逻辑形式可以决定截省句中空缺的疑问句的类型意义（type meaning）①。如果可以为一个截省句构造出合法的 LF，那么截省句就会得到解释，这一解释与相应的完整的疑问句相关或者相似。反之，如果一个截省句是不可解释的，那么唯一的原因就是不可能为它构造出一个合法的逻辑形式。

相应于三分结构而言，Q 算子（即疑问算子）处于 CP 的核心语位置，这是一个没有语音形式的疑问算子，其作用是约束核心

① 如果我们的理解正确，这里的类型意义是指句子的疑问、陈述、祈使等句类特征。Chomsky 和 Lasnik（1977：445）指出，［+/-wh］特征必须有明确的标记来表示，他们指出，每个句子都必须被界定为是表示陈述或者疑问等语气。换言之，每个句子都必须有确定的类型。Grimshaw（1991）把韩语中的句末语气词称为“类型语气词（type particles）”，它们的作用之一是标明句子类型。由此可以推出，CLM 所谓的截省句的类型意义应为疑问句的句类意义。

域中的命题函数，而处于 CP 指示语位置的疑问词则提供限制小句，对 Q 算子所约束的变量的所指范围作进一步的限制。

简单地复制先行语 IP 是不够的，截省句残余疑问词必须在句法上约束复制后的 IP 中的某个位置，以形成疑问算子的核心域。因此 IP 循环只是一个宽泛的概念，在具体的运用过程中，还需要进行必要的补充。

为了运用 IP 循环理论对汉语截省句进行意义重建，根据关联语的性质，我们将汉语典型的截省句划分为如下两大类：

第一类，隐性关联语类截省句。这类截省句的特点是：残余疑问词在上下文中没有相应的关联语，但根据先行语的论元结构可以判断出，残余疑问词应处于附加语位置。如：

(29) 张三刚离开，但我不知道跟谁。
(30) 他又发脾气了，你猜对谁?
(31) 听说他要走，但是不知道什么时候。
(32) 他不肯调解，而要去坐牢，不少读者问他为什么。

第二类，显性关联语类截省句。这类截省句的特点是：残余疑问词在上下文中有一个显性的关联语（例句中的画线部分），该关联语所处的位置可以是论元或者附加语。如：

(33) 张三买了<u>一本书</u>，但不知道什么书。
(34) 张三<u>跟一个人</u>去纽约了，但不知道跟谁。
(35) 她从朋友那儿领养了<u>一只狗</u>，不知道什么品种。
(36) <u>第一次</u>读艾老的诗，我已经不记得什么时候了。

根据 CLM（1995），对关联语是隐性的情况（即第一类）的处理可以采用萌生（sprouting）的操作手段；对关联语是显性的情况（即第二类）的处理可采用合并（merger）的操作手段。

二 萌生操作与隐性关联语类截省句

根据 CLM（1995），萌生操作是对那些没有显性关联语的截省句的 LF 重建方法。尽管这些截省句的残余疑问词在先行语中没有显性关联语，但根据上下文可以判断出，该隐性关联语应处于论元或者附加语的位置。由于汉语论元位置的关联语不能为隐性的（详见第六章第一节），所以汉语截省句隐性关联语均处于附加语位置，即上文中的第一类截省句。

对于这类截省句在 LF 层面的重构，不能直接采用复制先行语 IP 的办法进行，因为先行语 IP 不能给截省句的残余疑问词提供一个可供约束的句法位置，因而在语义上，该疑问词无法获得可供其约束的变量，如：

(37) 张三刚离开，但我不知道跟谁。[= (29)]

如果直接复制先行语 IP，即“张三刚离开”，然后运用到截省句，结果为（38）[①]：

(38) [跟谁^{x}] Q^{x} [张三刚离开]。

如前文所述，要得到一个完整的三分结构，疑问词必须约束某个位置，处在这个位置上的句法成分应是一个变量。因此，当复制的小句中没有这样一个位置时，就需要创造一个出来。根据动词的选择限制要求，我们可以判断出，“跟谁”位于附加语位

① 此处沿用 CLM（1995）的表示方法：用字母［x - z］作上标表示语义上的约束或同指关系。

置，而“跟谁”本身的句法范畴是一个 PP，因此我们构造出这样一个句法位置，如下：

（39）［跟谁^{x}］Q^{x}［张三刚 PP^{x} 离开］。

下面是（39）在 LF 层面的树结构：

（40）

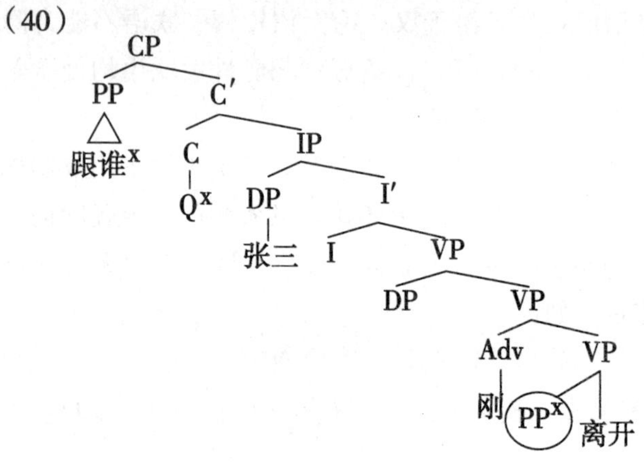

（40）圆圈中的部分就是在 IP 循环的基础上进行萌生操作的结果。可见，萌生操作是在逻辑形式中自由地构造出一个合适的句法位置的手段，构造出的句法位置应该满足 LF 层面的各个成分的特征要求。与（27c）中的逻辑表达式略有不同的是，在（39）的三分结构中，疑问算子 Q^{x} 出现在中间，限制条件［跟谁^{x}］出现在左边，核心域［张三刚 PP^{x} 离开］出现在右边。

萌生操作可以为截省句的疑问词提供一个可供其约束的位置，这个位置是复制的先行语中所没有的，通过萌生一个相应的位置，就可以构造一个完整的疑问句的逻辑形式，从而补救直接的 IP 复制的不足。因此，萌生操作的优势可以总结为：

首先，通过疑问词对萌生操作构造的句法位置的约束，可以将疑问词放在它的一般位置进行解释。

其次，通过构造一个在语义上为变量的附加语位置，循环的IP就可以解释为一个命题函数（或命题变量），这个命题函数中的变量被Q算子所约束，这样就可以对截省句进行一个完整的解释。

但另一方面，萌生操作所构造的句法位置必须受到复制的IP中动词的选择限制的制约，如在（40）中只能是PP，而不能是DP或其他类型的范畴，而且所萌生的这个句法位置只能是一个附加语位置，而不能是一个论元位置。

正如CLM（1995：248）所指出的，复制后的IP中的词汇选择限制必须与先行语IP中的词汇选择限制保持一致，由此可以预测下面句子不合语法：

（41）＊李四在跑步，但我不知道谁。

（42）＊他会说法语，但我不知道为谁。

（43）＊张三很高，但我不知道什么时候。

以上句子不合语法是因为先行语及复制后的IP中的动词（或形容词）的论元结构已经满足，无法通过萌生的办法为截省部分的逻辑式提供一个可供疑问算子约束的合适类型的自由变元。如果在这些截省句的先行语中增加相应的论元或者附加语，同样会造成不合语法的句子：

（44）＊李四在跑步小王。

（45）＊他为赵英会说法语。

（46）＊张三有时候很高。

具体讲，“跑步”只能选择一个域外论元，当这个论元已经实现时，就不可能再允准其他位置出现论元了。同样，“会”这个动词不可以选择“为某人”这样的介词词组为附加语；形容词“高”

也不可以选择“有时候”为其附加语。

通过上面的分析，我们可以看到萌生操作是可以找到经验支持的。尽管萌生的附加语在 IP 中可能是隐含的，而且也不一定是必有的，但要在复制后的 IP 中构造这样一个位置却必须受到一定的限制，这个限制就是：所萌生的这个句法位置必须满足先行语或者 IP 中动词（或形容词）词汇选择限制的要求。

三 合并操作与显性关联语类截省句

合并操作是 CLM（1995）为了给那些具有显性关联语的截省句（即上文中的第二类）构造逻辑式所采用的方法。这类截省句的显性关联语随先行语被复制到截省句中空缺的 IP 位置之后，其所在位置受到截省句中疑问词的约束。

对这类句子，可以直接进行 IP 复制。如（47a）复制之后会得到（47b），相应的逻辑表达式为（48）：

（47）a. 张三买了一本书，但不知道什么书。[=（33）]

b. [$_{IP}$张三买了一本书]，但不知道 [$_{CP}$什么书 [$_{IP}$张三买了一本书]]。

下图是 IP 复制之后的（47b）中的截省句所对应的树结构：

（48）

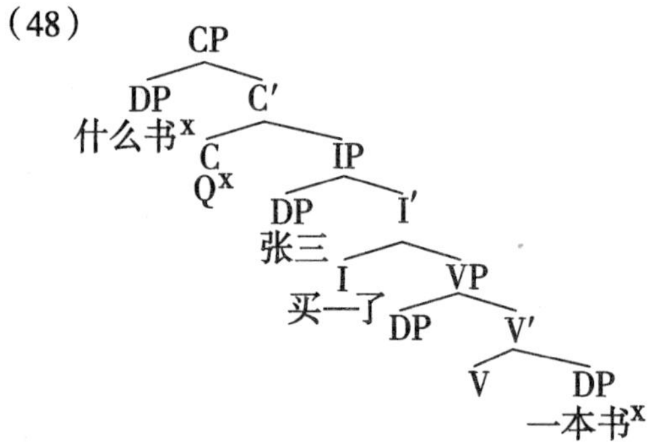

“相应的”（陈述体）逻辑式为：［什么书^x］Q^x［张三买了一本书^x］。

复制后的IP中的“一本书”是一个自由变元，它受Q算子的约束，其语义值由两个短语来决定：截省句疑问词短语及其关联语。“合并”这个概念的含义是：对截省句复制的IP中变量的解释融合了两个不同的短语的语义内容，分别是截省句的疑问词短语和它的关联语。在（48）中，这两个短语分别是：“什么书”和“一本书”。按照CLM，只要这两个短语不会导致矛盾，结果都会得到一个可解释的逻辑式。

（47b）的先行语IP中有一个变量（或指称性参数，referential parameter）“一本书”，这个变量对于合并操作以及相应类别的截省句的解释至关重要。（47b）的结构是可解释的，正是因为复制的IP中有这么一个变量，由此我们才可以构造一个命题函数“张三买了x”，如果IP循环不能提供这样一个变量，那么就会产生一个不可解释的LF，从而也就不能产生一个合乎语法的截省句。

如果一个关联语不能引发一个变量，那么IP被复制后，Q算子就会没有约束对象，从而导致截省句的语义不明确，比如当关联语是一个有定名词时：

（49）＊张三买了《魔鬼经济学》，你猜什么书？

在（49）中，关联语为有定名词短语“《魔鬼经济学》”，因而被复制的IP中缺少一个可供Q算子约束的变量，即IP循环无法为截省句构造一个正确LF表达式，并得到“张三买了什么书”这样一个解释，因而句子不合语法。

合并操作可以合理地预测，当关联语为受约变量时，也会产生不合语法的句子。

Heim（1982）把不定名词解释为“受限自由变量”（restricted free variables），即它的指称范围要么受背景信息的约束，在整个话语层面赋值，要么受某个算子约束。因此不定名词有两种可能的命运：一是它仍然是一个自由变量，这时它可以在话语层面得到其所指；二是处于某个算子的辖域之内，这时它受该算子的约束。当两种解释都有可能时，句子就会有歧义，如：

（50）她没跟一个学生说话。

这个句子的歧义决定于“一个学生”是否在否定辖域之内，如果不在否定辖域之内，那么“一个学生”是自由变量，它可以从话语层面（或上下文）获得其所指或所指范围；如果在否定辖域之内，那么它受否定词的约束，这时它相当于一个极性词。

当先行语中的不定名词同时存在两种解释，即一种为受约束变量，另一种为自由变量时，截省句就会排除前一种解读，如：

（51）阿英总是在吃饭时看一本书，但我不知道什么书。

当不定名词“一本书”在LF层面处于量化副词“总是”的辖域之内时，它是一个受约变量，这时句子可以简单理解为：阿英总是在吃饭时看一本书，但“一本书”可能是不同的书。

当“一本书”处于“总是”的辖域之外时，它是一个自由变量，句子可以简单理解为：有一本书，阿英总是在吃饭时看。这时“一本书”指的是某一本具体的书。

根据IP循环的思路，只有当“一本书”为自由变量时，它才可以受Q算子的约束，截省句才合法。因此，（51）中的截省句只能有一种解读，即“一本书”只能是某本具体的书。经过IP复制进行合并操作之后的截省句的逻辑式为：

(52)［什么书^x］Q^x［（一本书）^{x}［λy［阿英总是在吃饭时看 y]]]。

在（52）中，“一本书”在“总是”的辖域之外，指的是某一本具体的书。该释义符合我们的语感。

合并操作还可以解释类似（53）这样的先行语中包含疑问词的截省句：

(53) 老师想知道［$_{IP}$张三读了多少报纸]，但是他并不关心什么报纸。

对（53）进行 IP 复制之后的完整句子结构为：

(54) 老师想知道［$_{IP}$张三读了多少报纸]，但是他并不关心［$_{CP}$什么报纸［$_{IP}$张三读了多少报纸]]。

其中截省句的逻辑表达式可以简单表示为：

(55)［什么报纸^x］Q^x［张三读了多少报纸^x]。

由于疑问词短语在性质上也是一个变量，可以受 Q 算子的约束，因此（55）是合法的逻辑式。合并操作使得（55）中的语义变量（即复制后的关联语）继承了两个方面的语义内容：疑问词短语的语义和关联语本身的语义，即“什么报纸”和“多少报纸”，融合后的语义可理解为“报纸的数量和种类”。

与语音删除法相比，采用 IP 循环中合并操作的办法可以为截省句提供更完整的意义解释。如：

（56）老师跟一个学生谈话了，但我们不知道谁。

（57）张三刚买了三本绘本，但我不知道哪三本。

（58）他们决定星期天的某个时间见面，但是还没有决定几点钟。

上面每个例句中的截省句都必须在说话人所设定的具体背景下理解，如（56）截省句预设老师所谈话的个体是学生；（57）的截省句预设张三买的是绘本；（58）的截省句预设“他们决定要见面的”是星期天的某个时间。如果按照 PF 删除的途径，（56）中截省句的基础结构为：

（59）[谁$_i$ [老师跟 t_i谈话了]]。

与（59）相应的三分结构表达式为：

（60）λP[（∃x：人（x））[P = 谈话（老师，x）]]

该逻辑式表达的语义为：P 是由所有符合“老师跟 x 谈话”的命题组成的集合，其中 x 的所指为“人”。显然，这样的解释将 x 的所指扩大到论域中所有的“人”，而漏掉“x”的所指仅限于“学生”这个重要的信息。而合并操作对于其中语义变元的解释会融合“一个学生”的意义，从而使得截省句的解释更完整。

四 小结

本节采用 CLM（1995）提出 IP 循环及其补充手段（即萌生和合并），对汉语的隐性关联语和显性关联语的典型截省句进行了尝试性的解释。

萌生操作为疑问算子提供了一个可供其约束的句法位置，这个句法位置在语义上相当于一个变量。通过这个构造出来的句法位置，一方面可以把截省句疑问词放回原来的位置进行解释，另一方面使得该逻辑结构中的疑问算子 Q 有了约束的对象。萌生操作使得 IP 复制后的截省句可以投射为一个完整的三分结构，该操作构造出的句法位置必须是 IP 中动词的一个没有实现的论元或者附加成分。如果一个截省句不能在 LF 层面构造这样一个句法位置就会造成不合语法句子，事实证明，这一预测是正确的。

合并操作实际上是一种解释方法，"合并"这个概念的含义是：对复制的 IP 中语义变量的解释融合了截省句的疑问词短语和被复制的 IP 的内层先行语（即关联语）的语义。合并操作要求被复制的 IP 中包含一个可以充当变量的成分，因此可以预测，凡是关联语为受约束的不定名词或者其他非变量性质的成分，截省句将会不合语法，事实证明这样的预测是正确的。此外，合并操作对 IP 中的语义变量的解释更为完整，这一点是语音删除途径所无法实现的。

第六节　逻辑式复制法的局限及相应对策

逻辑式复制法并非完美无缺，实际上，正如 Merchant（2001：150）所指出的，CLM（1995）提出的逻辑式复制法遇到不少困难，这些困难主要来自两个方面：

首先，合并操作无法处理下列对比型截省句中，截省句的残余疑问词和关联语在语义上的不一致。如：

(61) 她养了五只猫，但我不知道几只狗。

(62) 这部戏里有九个女人，但我不知道几个男人。

(63) 我知道张三邀请了几个女的，但我不知道几个男的。

对于以上每个句子而言，合并操作都没有办法将两个短语的语义进行融合。以（61）为例，该截省句不可能意味着“我不知道她有几只狗，这些狗同时又具有猫的特征”，因为“猫”和“狗”的语义有矛盾。同样，“女人”和“男人”的语义也有矛盾。

其次，Merchant（2001）还指出该方案难以解释英语类截省句中疑问词与关联语在形式上的等同特点，比如二者在格标记和介词滞留方面的一致性特点（详见第四章第一节）。但汉语没有显性的格标记，因此对汉语来说，可以不用处理格标记上形式等同问题；此外，汉语也不存在介词滞留的问题，因为汉语同样情况下的截省句是假截省句（详见第六章），如（64）：

（64）张三在跟一个人说话，但我不知道 pro 是谁。

但我们需要对对比型截省句的问题作出解释，同时，我们还需要在 LF 复制的框架下对“是”的出现作出解释。

一 对比型截省句

对于对比型截省句的语义解释，需要在 IP 复制之外增加一种操作手段，即：焦点在 LF 层面的移位。我们假设截省句的先行语中的 IP 在被复制之前，首先经历了焦点移位。以（61）为例，先行语焦点移位的结果为：

（65）［$_{FP}$五只猫［$_{IP}$她养了 t_i］］

然后再将 IP 复制到截省句的 IP 位置，这样，截省句就可以重建为：

（66）［$_{CP}$几只狗［$_{IP}$她养了 t_i］］

焦点移位之后的语迹是一个自由变量，如此，复制之后的 IP 就可以为逻辑结构中的 Q 算子提供一个被约束的对象。

焦点在 LF 层面的移位的合理性在于，对比焦点会对句子的语义产生影响。具体表现在，包含焦点的句子可以将句子分为焦点和预设两个部分（Jackendoff，1972），在结构化意义（structured meaning）理论的框架下，包含焦点的句子结构可以被描写为：<焦点，预设>。当（61）的关联语“五只猫”成为句子的对比焦点时，句子的意义为：

（67）<五只猫，λx［她养了 x］>

其中“λx［她养了 x］”为句子的预设。作为句子语义解释的基础，逻辑式层面的结构式应该与句子的语义表达式保持一致。焦点在逻辑式层面移位之后，在其原始位置留下了一个语迹，该语迹在语义上相当于一个自由变量，使得小句 IP 可以解释为一组由命题组成的预设集合。由此可见，LF 层面的焦点移位使得（65）与（67）在句法结构和语义解释上达到了完美的一致。

二　“是”的作用与真假截省句

本章对汉语截省句的分析暂时忽略了一个重要的问题：在逻辑式复制的框架下，应如何解释汉语截省句中“是”的作用？另一个相关的问题是：“假截省句分析”和逻辑式复制法分别分析的是汉语的假截省句和典型截省句，但如何区分这两种类型的截省句呢？实际上，“是”的作用及隐现规律与截省句的类型是密切相关的。

根据第六章及第七章的分析，我们支持将“是”在截省句中的作用分为两种性质：系动词和焦点标记。前者强制性出现或者不出现，后者则自由出现。

“是”的隐现与截省句的类型之间的对应关系可以描述如下：所有强制性出现的“是”（包括在简单疑问词“谁”“什么”和“哪儿”等前面）都是截省句的主要动词（即系动词或判断动词），其作用是为了构成句子的谓语。毫无疑问，相应情况下的截省句也都是假截省句，其结构为“空主语 + 是 + 疑问词”。所有自由出现的“是”都是焦点标记，相应情况下的截省句应为典型截省句。“是”一般不出现的情况稍微复杂些，应区分为两种类型，具有描述性质的可以独立充当谓语的疑问词短语构成的截省句应属于假截省句，而由“表示数量、程度等意义的疑问副词 + 形容词”构成的对比型的截省句应属于典型截省句。

综上所述，我们把汉语截省句的类别与“是”隐现规律的对应情况总结如下：

“是”的隐现	“是”必须出现	“是”一般不出现		“是”自由出现
截省句类型	假截省句	假截省句	典型截省句	典型截省句
疑问词性质	充当论元或者介词宾语的疑问词代词或疑问副词	具有描述性质的疑问词（短语）	由表示程度、数量等的疑问词短语构成的对比型截省句	充当论元的疑问词短语； 充当附加语的疑问词（短语）
例词	“谁”、“什么”、“哪儿”	“怎么样”、“多 + 形容词”（如：多宽、多高、多远）、“多少/几 + 量词 +（N）”（如：几岁）	“多少/几 + 量词 + N”（如：几只狗、多少女人）	“多少/几 + 量词 +（N）”（如几岁、几个人）、“哪 +（数词）+ 量词 + N”（如：哪本书）； “为什么”“什么时候”“什么地方”“在哪儿”“跟谁”等

以上分类还有待细化，但至少可以说明，将汉语截省句区分为假截省句和典型截省句是有可能的，二者的界限基本上是清楚的。

基于以上分类，汉语典型截省句中的“是”是一个焦点标记，其出现是自由的。

一般情况下，句子中疑问词所在的部分就是句子的焦点部分，而且疑问词所在的位置往往是强势焦点所在的位置（徐杰、李英哲，1993）。可见，疑问词短语前面的焦点标记的“是”是否具有显性形式并不影响句子的意义。因此，我们可以把“是”看作是语音层面一个自由出现的焦点标记，并对“是”的位置及出现作出如下尝试性的解释：假设在 CP 之上还可以有一个焦点短语 FP，“是”处于 FP 的中心语位置。CP 是否向 FP 进一步投射，是决定“是”是否以显性形式出现的重要因素。具体讲，CP 向 FP 的投射是自由的，当 CP 进一步投射为 FP 时，“是”出现，这时，疑问词短语的焦点意义得到强化；当 CP 不再进一步投射时，“是”不出现，这时，截省句残余疑问词只有普通焦点意义。

我们把汉语截省句区分为假截省句和典型截省句，并分别采用不同的方案进行解释，有其合理之处。

首先，从语言类型上看，汉语是原位疑问词语言及代词脱落型语言，汉语中存在着大量与典型截省句形式相似的假截省句是很自然的，假截省句分析实际上正是基于汉语事实作出的合理解释；另一方面，汉语存在典型截省句乃是语言在使用中的经济性的反映，空主语指代个体是典型的用法，指代事件的情况解释起来就比较复杂，对于附加语型截省句来说，采用基础生成的办法是最为经济的做法。此外，对于对比型截省句来说，无论设想在疑问词前面有一个名词性的还是事件性的空代词都是不可能的。

其次，Fukaya（2012）对日语截省句的分析发现，日语中也存在两种不同类型的截省句，一种类似英语的典型截省句；另一种则是由分裂句派生而来的假截省句。

此外，傅玉（2014）对汉语截省句的分析也采用了混合解释的办法，将汉语截省句分为假截省句和典型截省句两类，所不同的是，傅玉（2014）对汉语典型截省句的解释采用的是话题移位及语音删除的办法。

总之，混合解释思路根本上源自于语言事实的复杂性，统一的解释办法难以为不同类型的截省句提供令人满意的解释。

第七节 汉语截省句的语用一致性

根据前文分析，汉语隐性关联语类截省句都是典型截省句，而显性关联语类截省句主要是假截省句，但二者在形式上非常相似，以至于长期以来，学者们更倾向于把这两类截省句进行统一处理。

一个自然的问题是：以上两类截省句在形式上的一致性是什么原因造成的？或者说，这两类截省句有没有内在的一致性？回答是肯定的，下面我们从语用的角度来回答这个问题。

在疑问句中，疑问词所在的位置是焦点的位置。Jackendoff（1972）指出，从广义上来看，每个句子都可以分成“焦点”和“预设”两个部分。焦点部分代表新信息，预设部分是旧信息。这样分析下去，就可以把疑问句分成两个部分：疑问词短语（焦点）和剩余部分（预设）。而焦点部分作为新信息的承载者，不可以空缺形式出现，即它必须具有语音值，否则就达不到交际的目的。另一方面，按照 Grice（1975）的会话含义理论，如果在谈话中提供多于所需要的信息就会产生会话含义（即言外之意），因此代表旧信息的预设部分常常在一定的句法条件下略去不说。单独以一个疑问词短语形式出现的句子在语言中很常见，通常会是在对话中，如（68）（来自电视剧对白）：

（68）甲：我觉得那件事你做得实在太过分了。
　　　乙：哪件事？你觉得哪件事我做得实在太过分了？

（68）中乙说的第一个小句与我们所研究的句子类似：离开上下文语境，只说“哪件事”是无法理解的。但在语境清楚的情况下，说话人只需要把最关心的部分提取出来就可以了，因此只说“哪件事”已经足够。但由于甲说的“那件事”处于内嵌句的位置，已经超越了小句范围，可能会影响到甲说的“哪件事”与其关联，因此，乙对前面的“截省”后的疑问句进行恢复，说出了后面的句子“你觉得哪件事我做得实在太过分了？”

可见，作为一种口语色彩比较显著的句子形式，除了疑问词之外，把预设部分的已知信息略去不说，是符合交际特点的。虽然在不同的情况下，构成预设的句子成分不同，省略的部分在隐性句法上的表现也不同，但当这些不同的句法单位被省略之后，我们所听到的有语音形式的部分往往是一样的，即都是一个疑问词短语。

此外，每一个说出的句子在提供新信息的同时，也会带来各种可能的未知信息，对于这些未知信息的提问方式是很多的，比如如果一个人说了（69）：

（69）我打算去上海。

那么听话的人至少可以提出的问题有下面四个：

（70）a. 你什么时候去上海？
　　　b. 你和谁一起去上海？

c. 你去上海做什么？
d. 你为什么要去上海？

而这些句子在真实的对话语境中都是通常只是采用省略形式，把除了疑问词以外的部分略去不说，这样就有可能出现（71）这样的句子：

（71）a. 什么时候？
b. 和谁？
c. 做什么？
d. 为什么？

如果听话人把以上对话描述下来，就会产生如下的句子：

（72）张三打算去上海，但我不知道什么时候/和谁/做什么/为什么。

（72）中的小句正是本书讨论的典型截省句。

再假设有下面的场景：甲和乙是同屋，乙下楼买东西了，这时，另一个同学丙来找乙。乙回来后，甲乙之间有下面的对话：

（73）甲：刚才有人来找你。
乙：谁？

如果甲把以上对话描述下来，就会是：

（74）刚才有人来找你，你猜是谁？

（74）中的小句“是谁”正是本书讨论的假截省句。

可见，（68）、（71）和（73）中那些简短形式的片语消除了不同类型的截省句之间的差异。这也是为什么尽管我们把汉语截省句分成了两类来研究，但二者在语用上是具有一致性的。

结　语

本书系统介绍了当代形式语言学理论对省略现象的主要研究方法及研究成果，对汉语省略结构的相关研究成果进行了梳理、评介和进一步的探讨。

汉语截省句是本书的主要研究对象，通过对典型截省句和汉语截省句的对比，我们发现，尽管汉语截省句在表面形式上与英语截省句相似，但采用解释英语截省句的语音删略途径来解释汉语截省句却存在明显不足。

语音删除途径的一个基本假设是，截省句的内部句法结构是一个完整的CP，为了生成一个合格的疑问句，疑问词要从CP中的一般位置移出，移至［Spec，CP］的位置，而C的补足语IP在语音层面得以删除，这样就得到了语音层面输出的只有一个疑问词短语的截省句。但这样的思路显然不好解释汉语截省句：首先，假设汉语的疑问词（短语）在截省句中发生了移位是很大的一个步骤。其次，虽然作附加语的疑问副词在汉语中位置相对灵活，但充当论元的疑问代词的位置却是固定的。因此无论是疑问特征的驱动还是焦点驱动或者话题驱动的移位，本质上都与汉语疑问句中疑问词在原位的基本事实相悖。

因此，在语音删除的框架之下来解释汉语截省句，将使我们处于一个两难境地：一方面，整齐一律的疑问词移位不符合汉语事实；另一方面，根据省略的句法等同条件和允准条件，采用语音删除途径，必然要求疑问词的移位。

为了找到更合适的解决办法，我们首先对汉语截省句的句法特点进行了细致描写，并借鉴了各种原位疑问词语言截省句的研究成果，最后发现，“假截省句分析”具有较强的解释力，该分析方案不但与汉语疑问词在原位（wh - in - situ）和代词脱落（pro - drop）的类型特征一致，而且符合汉语假截省句的语言事实。但假截省句分析并非完美无缺，该分析方案对汉语中的对比型截省句和附加语型截省句的解释显得无能为力，原因在于这两类截省句都不是假截省句，而是典型截省句。

因此，在本书的第七章，我们采用 CLM（1995）提出的一种具体的逻辑式复制办法——IP 循环（IP recycling）来对汉语中的典型截省句进行了分析和解释。在逻辑式复制法的理论框架下，截省句中空缺的部分并非语音删略而来，而是由基础生成。它可以在 LF 层面借助前面的先行语 IP 进行逻辑式的重建，从而达到完整的语义解释。

运用逻辑式复制法来解释汉语截省句具有下列优势：第一，从语义角度来解释截省句，大大减轻了句法的负担，同时语音层面的删除也变得不再需要，这样就避开了建立在疑问词移位基础上的语音删除理论和原位疑问词语言之间的根本矛盾。第二，作为 IP 循环的两种具体的操作手段，萌生操作和合并操作充分重视截省句的疑问词和关联语在语义上的约束关系，因此对截省句中空位部分的直接语义解释比单纯句法上的重建更加完整。第三，作为一种跨语言的语法现象，汉语截省句和其他语言的截省句在逻辑形式上应该是一致的，因此，采用 IP 循环理论来解释汉语截省句，充分体现了语言之间的共性。

总体来讲，本书对汉语截省句的研究尽管兼顾到了汉语截省句的种种特点，但仍不够细致深入，还有一些细节问题有待进一步深入研究，比如多个疑问词的截省情况、孤岛敏感性的句法蕴含等。

在研究方法上，本书既注重当代形式语言学的理论成果，也充分尊重汉语的语言事实。当理论与事实不一致时，我们不是去设法改变语言事实，而是在充分观察和描写语言事实的基础上，综合吸收不同的理论成果来对事实进行分析。

本书在语料选取上，以实验语料为主，兼顾自然语料。实验语料主要来自于相关文献，部分实验语料是对自然语料进行适当简化而来的。自然语料主要来源于北京语言大学汉语语料库（BCC）和北京大学中国语言学研究中心的 CCL 语料库。

参考文献

陈满华:《体词谓语句研究》,中国文联出版社 2005 年版。

陈一:《偏依性对举结构与语法单位的对称不对称》,《世界汉语教学》2008 年第 3 期。

陈一:《对举表达式的再分类及其意义》,《中国语言学报》2008 年第 13 期。

邓思颖:《经济原则和汉语没有动词的句子》,《现代外语》2002 年第 1 期。

方立:《数理语言学》,北京语言文化大学出版社 1997 年版。

方立:《逻辑语义学》,北京语言文化大学出版社 2000 年版。

方立:《当代语义理论指南》导读,外语教学与研究出版社 2001 年版。

方小燕:《现代汉语成分省略的性质和确定》,《华南师范大学学报》(社会科学版)1989 年第 4 期。

傅玉:《最简句法框架下的谓词省略研究》,《外语教学与研究》2010 年第 4 期。

傅玉:《现代汉语中存在动词空缺句吗?》,《外国语》2012 年第 5 期。

傅玉:《"小句左缘理论"框架下的英汉截省句对比研究》,《外语教学与研究》2014 年第 1 期。

高明乐、郭献庭:《从空语类看英语和汉语的不同语法特点》,

《外语研究》2003 年第 3 期。

韩景泉：《空语类理论与汉语空位宾语》，《国外语言学》1997 年第 4 期。

韩巍峰：《主题与主题标记结构的语序类型学研究》，博士学位论文，上海外国语大学，2010 年。

韩巍峰：《语序类型学：主题与主题标记结构》，上海外语教育出版社 2013 年版。

韩巍峰：《三类非典型主题及其主题标记的功能》，《语言研究》2012 年第 4 期。

韩巍峰、梅德明：《轻动词结构的主题化分析》，《外语研究》2011 年第 5 期。

韩玉国：《范畴语法与汉语非连续结构研究》，博士学位论文，北京语言大学，2005 年。

贺川生：《 动词空缺、左边界省略及英汉语主语位置》，《现代外语》2007 年第 2 期。

胡晓灵：《汉语空范畴识别》，《外国语》1987 年第 5 期。

黄衍：《汉语的虚范畴》，《中国语文》1992 年第 5 期。

黄正德：《汉语正反问句的模组语法》，《中国语文》1988 年第 4 期。

李汝亚：《似与不似之间：英汉语略谓结构之比较》，《外国语》2008 年第 6 期。

李汝亚、石定栩、胡建华：《省略结构的儿童语言获得研究》，《中国语文》2012 年第 3 期。

李艳惠：《省略与成分缺失》，《语言科学》2005 年第 2 期。

李艳惠：《空语类理论与汉语空语类研究》，沈阳、冯胜利《当代语言学理论和汉语研究》，商务印书馆 2008 年版。

刘丹青：《对称格式的语法作用及表达功能》，北京市语言学会编《语文知识丛刊》1982 年第 3 辑。

刘丹青、徐烈炯：《焦点与背景、话题及汉语“连”字句》，《中国语文》1998 年第 4 期。

刘丹青：《汉语类指成分的语义属性和句法属性》，《中国语文》2002 年第 5 期。

刘丹青：《汉语是一种动词型的语言——试说动词型语言和名词型语言的类型差异》，《世界汉语教学》2010 年第 1 期。

刘云：《现代汉语中的对举现象及其作用》，《汉语学报》2006 年第 4 期。

刘丽萍：《空主语与汉语假截省句》，中国语言学会第十七届年会，北京，2014a。

刘丽萍：《汉语截省句的混合解释思路》，第六届形式语言学国际研讨会，北京，2014b。

刘丽萍、方立：《LF 复制途径与汉语截省句的意义重建》，载程工、刘丹青《汉语的形式与功能研究》，商务印书馆 2009 年版。

刘丽萍：《原位疑问词语言截省句研究》，《解放军外国语学院学报》2015 年第 2 期。

刘丽萍、韩巍峰：《汉语并列空动词句的语用特征》，《世界汉语教学》2015 年第 1 期。

刘伟：《句法约束、语义约束及约束受阻效应解释》，《外语学刊》2003 年第 3 期。

刘伟：《现代汉语代词隐现的动态研究》，博士学位论文，北京语言大学，2005 年。

廖秋忠：《现代汉语中动词的支配成分的省略》，《中国语文》1984 年第 4 期。

陆俭明：《汉语口语句法里的易位现象》，《中国语文》1980 年第 1 期。

陆俭明：《汉语句子的特点》，《汉语学习》1993 年第 1 期。

陆俭明：《关于句处理中所要考虑的语义问题》，《语言研究》

2001 年第 1 期。

陆俭明：《现代汉语语法研究教程》，北京大学出版社 2003 年版。

陆俭明、沈阳：《汉语和汉语研究十五讲》，北京大学出版社 2004 年第 2 版。

吕叔湘：《通过对比研究语法》，载吕叔湘编《吕叔湘语文论集》，商务印书馆 1983 年版。

吕叔湘：《汉语语法分析问题》，商务印书馆 1979 年版。

吕叔湘：《疑问 · 否定 · 肯定》，《中国语文》1985 年第 4 期。

吕叔湘：《汉语句法的灵活性》，《中国语文》1986 年第 1 期。

梅广：《迎接一个考证学和语言学结合的汉语语法史研究新局面》，载何大安主编《古今通塞：汉语的历史与发展》，台北：中研院语言学研究所筹备处。

邱力璟：《汉语疑问删略句纵论》，《国际汉语学报》2011 年第 2 期。

荣晶：《汉语省略、隐含和虚范畴的区分》，《新疆大学学报》1989 年第 4 期。

沈阳：《现代汉语空语类研究》，山东教育出版社 1994 年版。

沈阳：《动词的句位和句位变体结构中的空语类》，《中国语文》1994 年第 6 期。

沈阳：《句法结构中隐含成分的语义所指关系》，《语言研究》1994 年第 2 期。

沈阳：《语义所指理论与汉语句法成分的语义指向研究》，载沈阳、冯胜利主编《当代语言学理论和汉语研究》，商务印书馆 2008 年版。

沈阳、董红源：《“直接统制”与“他”的句内所指规则》，《中国语文》2004 年第 1 期。

沈阳、何元建、顾阳：《生成语法理论与汉语语法研究》，黑龙江教育出版社 2001 年版。

石定栩：《汉语句法的灵活性和句法理论》，《当代语言学》2000 年第 1 期。

石定栩：《乔姆斯基的形式句法》，北京语言文化大学出版社 2002 年版。

施关淦：《关于“省略”和“隐含”》，《中国语文》1994 年第 2 期。

司富珍：《汉语的几种同音删略现象》，《语言教学与研究》2005 年第 2 期。

王德忠：《汉语空主语的分类和所指》，《解放军外国语学院学报》1999 年第 4 期。

王力：《汉语史稿》，中华书局 1980 年版。

王力：《中国现代语法》，商务印书馆 1985 年版。

王维贤：《说省略》，《中国语文》1985 年第 6 期。

王秀卿、王广成：《汉语光杆名词短语的语义解释》，《现代外语》2008 年第 2 期。

熊文华：《汉英应用对比概论》，北京语言文化大学出版社 1997 年版。

徐杰、李英哲：《焦点和两个非线性语法范畴：“否定”、“疑问”》，《中国语文》1993 年第 2 期。

徐烈炯：《空语类研究》，《外国语》1989 年第 4 期。

徐烈炯：《与空语类有关的一些汉语语法现象》，《中国语文》1994 年第 5 期。

徐烈炯：《名词性成分的指称用法》，载徐烈炯主编《共性与个性——汉语语言学中的争议》，北京语言文化大学出版社 1999 年版。

徐烈炯：《信息焦点的表达方式》，载《指称、语序和语义解释——徐烈炯语言学论文选译》，商务印书馆 2009 年版。

徐烈炯、刘丹青:《话题的结构与功能》(增订本),上海教育出版社 2007 年版。

殷志平:《对称格式的认知解释》,《语言科学》2004 年第 3 期。

袁毓林:《句法空位和成分提取》,《中国语文》1994 年第 6 期。

袁毓林:《谓词隐含及其句法后果——“的”字结构的称代规则和“的”的句法、语义功能》,《中国语文》1995 年第 4 期。

袁毓林:《汉语句子的文意不足和结构省略》,《汉语学习》2002 年第 3 期。

赵世举:《关于汉语省略句的判定标准问题》,《中南民族学院学报》(哲学社会科学版)1999 年第 4 期。

赵世开:《语言结构中的虚范畴》,《中国语文》1986 年第 1 期。

赵元任:《汉语口语语法》,商务印书馆 1979 年版。

张桂宾:《省略句研究述评》,《汉语学习》1998 年第 1 期。

张国宪:《论对举格式的句法、语义和语用功能》,《淮北煤师院学报》(社会科学版)1993 年第 1 期。

张天伟:《允准理论:省略句法研究的新进展》,《北京第二外国语学院学报》2012 年第 6 期。

朱德熙:《语法讲义》,商务印书馆 1997 年版。

Adams, Perng wang. Sluicing in Javanese. *Paper presented at the* 2003 *Western Conference on Linguistics* (*WECOL*). University of Arizona. 2003.

Adams, Perng Wang. The Structure of Sluicing in Mandarin Chinese, *Penn Working Paper in Linguistics* 10 (1): 1 – 16. 2004.

Adams, Perng Wang and Satoshi Tomioka. Sluicing in Mandarin Chinese: An instance of pseudo – sluicing. //Jason Merchant and Andrew Simpson (eds.), *Sluicing: Cross - Linguistic* Perspectives. NY: Oxford University Press, pp. 219 - 247. 2012.

Ai, R. - X. R. Gapping as focus movement. Ms, Harvard University. 2004.

Ai, R. - X. R. *Elliptical Predicate Constructions in Mandarin*, doctoral dissertation, Harvard University. 2006.

Akmajian, Adrian. *An interpretive principle for certain anaphoric expressions*. Unpublished manuscript, MIT, Cambridge, MA. 1968

Aoun, Joseph and Elabbas Benmamoun. Minimality, Reconstruction, and PF Movement. *Linguistic Inquiry*. 2006 (29): 569 - 597.

Asher, N. Hardt, D. and Busquets, J. Discourse Parallelism, Ellipsis, and Ambiguity. *Journal of Semantics*. 2001 (18): 1 - 25.

Baker, Carl L. Notes on the description of English questions: The role of an abstract question morpheme. *Fundation of Language*, 1970: 197 - 219.

Baltin, Mark. A Landing Site Theory of Movement Rules, *Linguistic Inquiry*. 1982 (13): 1 - 38.

Barton, Ellen. *Nonsentential Constituents*, John Benjamins, Amsterdam. 1990.

Berman, Stephen. On the Semantics and Logic Form of the WH - Clause, unpublished Ph. D dissertation, University of Massachusetts, Amherst. 1991.

Bobaljik, Jonathan David. A - Chains at the PF - interface: Copies and 'Covert' Movement, *Natural Language and Linguistic Theory*. 2002 (20): 197 - 267.

Boškoviæ, Zeljko. *On the Interpretation of Multiple Questions*, ms. University of Connecticut. 1998.

Boškoviæ, Zeljko. On Multiple Feature Checking, in S. Epstein,

N. Horstein (eds.) *Working Minimalism*, MIT Press, Cambridge, MA. 1999.

Bühler, Karl, *The Theory of Language*: *The Representational Function of Language* (*Sprachtheorie*). Translated by Donald Fraser Goodwin. Amsterdam: John Benjamin's Publishing Company. (1934/1990).

Chao, Wynn. *On Ellipsis*, PhD Dissertation, University of Massachusetts, Amherst. 1987.

Cheng, L. L. – S. *Aspectual Licensing of pro in Mandarin Chinese*. Ms., MIT. 1989.

Cheng, L. L. – S. *On the Typology of Wh – questions*, PhD Dissertation, MIT. 1991.

Chierchia, Gennaro. Reference to kinds across languages. *Natural Language Semantics*, 1998 (6): 339 – 405.

Chiu, Liching Livy. A focus-movement account on chinese multiple sluicing. *Nazan Linguistics*: *Special Issue* I. 2007. pp. 23 – 31.

Chomsky, Noam. *Current Issues in Linguistic Theory*, Mouton, The Hague, Paris. 1964.

Chomsky, Noam. *Deep Structure*, *Surface Structure*, *and Semantic Interpretation*, in Steinberg and Jakobovits (eds.) pp. 183 – 216. 1971.

Chomsky, Noam. "Some Empirical Issues in the Theory of Transformational Grammar," in S. Peters (eds.) *The Goals of Linguistic Theory*, Prentice – Hall, Englewood Cliffs, NJ, pp. 63 – 130. 1972.

Chomsky, Noam. On Wh – Movement, in P. Culicover, T. Wasow, and A. Akmajan (eds.) *Formal Syntax*, Academic Press, New York, pp. 71 – 132. 1977.

Chomsky, Noam. *Barriers*, MIT Press, Cambridge, MA. 1986.

Chomsky, Noam. A Minimalist Program for Linguistic Theory, in Hale and Keyser (eds.) *The View from Building* 20, MIT Press, Cambridge, MA, pp. 1 –52. 1993.

Chomsky, Noam. *The Minimalist Program*. MIT Press, Cambridge, MA. 1995.

Chomsky, Noam and Howard Lasnik. The Theory of Principles and Parameters, in J. Jacobs, A. von Stechow, W. Sternefeld, and T. Vennemann (eds.) *Syntax: An International Handbook of Contemporary Research*, de Gruyter, Berlin. 1993.

Chomsky Noam and Howard Lasnik. Filters and control. *Linguistic Inquiry*. 1977 (3): 425 –504.

Chung, Sandra, William A. Ladusaw, and James McCloskey. Sluicing and Logical Form, *Natural Language Semantics*. 1995 (3): 239 –282.

Chung, Sandra. Sluicing, Form – Identity Effects, and the Lexicon. Handout at *MIT Linguistics Colloquium*, March 4, 2005.

Chung, Sandra. Sluicing and the lexicon: the point of no return. *Handout at the UCSC Linguistics Syntax Forum*, April 26, 2005.

Culicover, Peter and Ray Jackendoff. *Simpler Syntax*. OUP: Oxford. 2005.

Diesing, M. *Indefinites*. Cambridge, MA: MIT Press. 1992.

Dougherty, Raymond C. *Two Theories of Pronominalization*. Unpublished manuscript, MIT. 1968.

Fiengo, R. and May, R. *Indices and Identity*. Cambridge, MA: MIT Press.

Fox, Danny. *Economy and Semantic Interpretation*, MIT Press and MITWPL, Cambridge, MA. 2000.

Fox, Danny and Howard Lasnik. "Successive Cyclic Movement

and Island Repair: The Difference between Sluicing and VP Ellipsis," *Linguistic Inquiry*. 2003 (1): 143 - 154.

Fukaya, Teruhiko & Hajime Hoji. Stripping and Sluicing in Japanese and Some Implications" In *Proceedings of the West Coast Conference on Formal Linguistics* 18, pp. 145 - 158. 1999.

Fukaya, Teruhiko. Island (in) sensitivity in Japanese sluicing and stripping. *Paper presented at West Coast Conference on Formal Linguistics 22*, San Diego, California. 2003.

Fukaya, Teruhiko. Island-sensitivity in Japanese sluicing and some implications. In Jason Merchant and Andrew Simpson (eds.), *Sluicing: Cross-Linguistic Perspectives*. NY: Oxford University Press. 2012: 124 - 163.

Ginzburg, Jonathan and Ivan Sag. *Interrogative investigation: The form, meaning, and use of English interrogatives*. Center for the Study of Language and Information: Stanford, Ca. 2000.

Grice, H. P. Logic and Conversation, *Syntax and Semantics*, vol. 3 edited by P. Cole and J. Morgan, Academic Press. pp. 41 - 48. 1975.

Grimshaw, Jane. *Extended projection*. Unpublished Manuscript, Brandeis University, Waltham, MA. 1991.

Hankamer, Jorge. Unacceptable Ambiguity, *Linguistic Inquiry*. 1973 (4): 17 - 68.

Hankamer, Jorge. On the Nontransformational Derivation of Some Null VP Anaphors, *Linguistic Inquiry*. 1978 (9): 66 - 74.

Hankamer, Jorge. *Deletion in Coordinate Structures*, Garland, New York. 1979.

Hankamer, Jorge and Ivan Sag. Deep and surface anaphora. *Linguistic Inquiry*. 1976 (3): 391 - 426.

Heim, Irene. The *Semantics of Definite and Indefinite Noun Phra-*

ses, Ph. D. dissertation, University of Massachusetts, Amherst. Reproduced by the GLSA, Linguistics Department, Universtiy of Massachusetts, Amherst. 1982.

Heim, Irene. Where Does the Indefiniteness Restriction Apply? Evidence from the Definiteness of Variables, in E. Reuland and A. ter Meulen (eds.), *The Representation of (In) definiteness*, MIT Press, Cambridge, Mass., pp. 21 – 42. 1987.

Heim, Irene and Kratzer Angelika. *Semantics in Generative Grammar*. Blackwell Publishers. 1998.

Hiraiwa, ken and Shinichiro Ishihara. Missing links: cleft, sluicing, and "no da" construction in Japanese. *MIT working papers in linguistics* 43: 35 – 54. 2001.

Hoji, Hajime. *Logical form constraints and configurational structure in Japanese*. Doctoral dissertation, University of Washington. 1986.

Hoji, Hajime. Theories of anaphora and aspects of Japanese syntax. ms., University of Southern California. 1990.

Hoji, Hajime. Null Object and Sloppy Identity in Japanese. *Linguistic Inquiry* 1998 (29): 127 – 152.

Hoji, Hajime and Teruhiko Fukaya. On Island Repair and CM vs. Non – CM Constructions in English and Japanese, *Handbook of Presentation at Kaken Workshop on Ellipsis*, Kyoto. 2001.

Huang, C. – T. James. *Logical Relations in Chinese and the Theory of Grammar*, PhD dissertation, MIT. 1982.

Huang, C. – T. James. "On the distribution and reference of empty pronoun". *Linguistic Inquiry* 1984 (15): 531 – 574.

Huang, C. – T. James. Remarks on empty categories in Chinese. *Linguistic Inquiry* 1987 (18): 321 – 337.

Huang, C. – T. James. "Comments on Hasegawa's Paper", in

Tawa Wako and Mineharu Nakayama (eds.) *Proceedings of Japanese Syntax Workshop: Issues on Empty Categories*, pp. 77 – 93, Japanese Program at Connecticut College, New London, Connecticut. 1988.

Huang, C. – T. James. Pro – drop in Chinese. In Osvaldo Jaeggli and Kenneth J. Safir, eds., *The null subject parameter*, 185 – 214. Dordrecht: Kluwer Academic Publishers. 1989.

Huang, C. – T. James. Verb Movement, (In) definiteness, and the Thematic Hierarchy, in Paul Jen – Kuei Li, Chu – Ren Huang and Ying – Chin Lin (eds.), *Proceedings of the Second International Symposium on Chinese Languages and Linguistics*, Academia Sinica, Taipei, pp. 481 – 498. 1991.

Huang, C. – T. James. Reconstruction and the Structure of VP: Some Theoretical Consequences," *Linguistic Inquiry*. 1993 (24), 103 – 138.

Huang, C. – T. James. "Verb Movement and Some Syntax – Semantics Mismatches in Chinese," *Chinese Languages and Linguistics*. 1994 (2), 587 – 613.

Huang, C. – T. James. "More on Chinese Word Order and Parametric Theory, in Barbara Lust, Margarita Suñer and John Whitman (eds.), *Syntactic Theory and First Language Acquisiton: Cross – Linguistic Perspectives, Volume 1, Heads, Projections, and Learnability*, Lawrence Erlbaum Associates Publishers, Hillsdale, pp. 15 – 35. 1994.

Huang, C. – T. James. "On Lexical Structure and Syntactic Projection," *Chinese Languages and Linguistics* 1997 (3), 45 – 89.

Huang, C. – T. James. "Japan Cannot Say 'No – ', handout of talk given at Workshop on Japanese Syntax in a Comparative Context", LSA Linguistic Institute, Cornell University. 1997.

Iljic, Robert. Quantification in Mandarin Chinese: Two markers of plurality. *Linguistics* 1994 (32): 91 -116.

Inoue, kazuko. Hankei Bunpoo to Nihongo [*Transformation Grammar and Japanese*]. Tokyo: Taishukan. 1976.

Ince, Atakan. Sluicing in Turkish. In Jason Merchant and Ardrew Simpson (eds.), Sluicing: Cross-Linguistic Perspectives. NY: Oxford University Press. pp. 248 -269. 2012.

Jackendoff, Ray S. *A Note on Selectional Restrictions*. Unpublished manuscript, MIT. 1966.

Jackendoff, Ray S. Gapping and Related Rules, *Linguistic Inquiry*. 1971 (2): 21 -36.

Jackendoff, Ray S. *Semantic Interpretation in Generative Grammer*. Cambridge: MIT Press. 1972.

Jackendoff, Ray S. *Foundations of Language*: *Brain*, *Meaning*, *Grammar*, *Evaluation*. Oxford University Press, Oxford. 2002.

Johnson, Kyle. Object Position, *Natural Language and Linguistic Theory* 1991 (9): 577 -636.

Johnson, Kyle. *Bridging the Gap*, ms., University of Massachusetts, Amherst. 1994.

Johnson, Kyle. Gapping. Ch. 2 of: In search of the English middle field. Unpublished manuscript. University of Massachusetts, Amherst. 1996.

Johnson, Kyle. What VP - ellipsis Can Do, What it Can't, But Why. In Mark Baltin and Chris Collins (eds.), *The Handbook of Contemporary Syntactic Theory*, pp: 439 - 479, Blackwell, Malden, MA. 2001.

Johnson, Kyle. Gapping, Everaert, M. et al. *The Blackwell Companion to Syntax*. MA: Blackwell Publishing. 2005.

Johnson, Kyle. *Gapping isn't (VP) Ellipsis*, 2007. website: http: //babel. ucsc. edu/ ~ hank/GapnotEllipsis.

Kadmon, Nirit. *Formal Pragmatics*, Blackwell Publishers. 2001.

Kamp, Hans. A Theory of Truth and Semantic Representation, In J. Groenendijk, T. Janssen, and M. Stockhof (eds.), *Truth, Interpretation and Information*, Foris Publications, Dordrecht, pp. 277 - 322. 1981.

Katz, J. and P. Postal. *An Intergrated Theory of Linguiatic Descriptions*, MIT Press. 1964.

Kawabara, Kazuki. Multiple wh - phrases in elliptical clauses and some aspects of clefts with multiple foci. *MIT Working Papers in Linguistics*. 1996 (29): 97 - 116.

Kim, Jeong - Seok. *Syntactic focus movement and ellipsis: A minimalist approach*. Doctoral dissertation, University of Connecticut. 1997.

Kim, S. Sloppy/Strict Identity and V - Raising: A Reply to Otani &Whitman. Ms., University of Washington. 1995.

Kim, S. Sloppy/Strict Identity, Empty Objects, and NP Ellipsis, *Journal of East Asian Linguistics*. 1999 (4): 255 - 284.

Kim, S. - W. *Chain Scope and Quantificational Structure*, PhD Dissertation, Brandeis University. 1990.

Kizu, Mika. Sluicing in wh - in - situ languages. *CLS* 33: The Main Section: 231 - 244. 1998.

Kuno, S. and Robinson, J. Multiple Wh Questions. *Linguistic Inquiry*, 1972 (3): 463 - 487.

Lappin, Shalom. The interpretation of Ellipsis. *In The handbook of contemporary semantic theory*, ed. S. Lappin, 145 - 175. Oxford: Blackwell Publishers. 1996.

Lasnik, Howard. Analyses of negation in English. Doctorial dissertation, MIT. 1972.

Lasnik, "Howard A Note on Pseudogapping," in Rob Pensalfini and Hiroyuki Ura (eds.), *MIT Working Papers in Linguistics* 27: *Papers on Minimalist Syntax*, MITWPL, Cambridge, pp. 143 – 163. 1995.

Lasnik, Howard. On feature strength: three minimalist approaches to overt movement. *Linguistic Inquiry.* 1999 (2): 197 – 217.

Lasnik, Howard. When can you save a structure by destroying it? *NELS* 31, 301 – 320. 2001.

Lasnik, Howard. *How to Evade Moving Violations*, Handout of lectures at LSA 2005 Linguistic Institute, Harvard/MIT. 2005.

Levin, Lori S. Sluicing: a lexical interpretation procedure. In J. Bresnan, ed., *The mental representation of grammatical relations*, 590 – 654. Cambridge, Mass: The MIT Press. 1982.

Li, Hui – Ju Grace. Null object and VP ellipsis in Chinese. In *Proceedings of the* 9th *North American Conference on Chinese Linguistics*, ed. By Lin Hua, 151 – 172. Los Angeles: University of Southern California, GSIL. 1998.

Li, Hui – Ju Grace. Ellipsis Constructions in Chinese, doctoral dissertation, University of Southern California. 2002.

Li, Mei – Du. *Anaphoric Structures of Chinese*. Taipei: Student Book Co, Ltd. 1988.

Li, Yen – hui Audrey. "Argument Determiner Phrases and Number Phrases," *Linguistic Inquiry* 1988 (29): 693 – 702.

Li, Yen – hui Audrey. Revisiting VP – ellipsis. On *the* 12th *conference of International Association of Chinese Linguistics*, NanKai University. 2004.

Li, Y. – hui Audrey. Finding the Missing, Lecture handouts distributed at LSA Summer Institute, Cambridge: Harvard/MIT. 2005.

Li, Yen - hui Audrey and Ting-Chi Wei. Ellipsis. In James C. -T. Huang, Audrey Y. -H. Li, and Andrew Simpson (eds.). *The handbook of Chinese Linguistics*. Oxford: Blackwell, 2014.

Lobeck, Anne. Functional heads as proper governors. *Proceedings of NELS* 20, *Graduate Students Linguistics Association*, University of Massachusetts, Amherst, MA. 1990.

Lobeck, Anne. Strong agreement and identification: evidence from ellipsis in English. *Linguistics* 31: 777 - 811. 1993.

Lobeck, Anne. *Ellipsis*. Oxford: Oxford University Press. 1995.

Lobke, Aelbrecht. *The Syntactic Licensing of Ellipsis*. Amsterdam/Philadelphia: John Benjamins. 2010.

Mahajan, A. *The A/A - bar Distinction and Movement Theory*, PhD Dissertation, MIT. 1990.

Merchant, Jason. Pseudosluicing: Elliptcal Clefts in Irish, *Natural Language and Linguistic Theory* 14: 47 - 104. 1998.

Merchant, Jason. Economy, the Copy Theory, and Antecedent - Contained Deletion. *Linguistic Inquiry* 31: 566 - 575. 2000.

Merchant, Jason. *The syntax of silence: sluicing, islands, and identity in ellipsis*, doctoral dissertation, University of California, Santa Cruz / Oxford/New York: Oxford University Press. 2001.

Merchant, Jason. Sluicing. Submitted to Martin Everaert and Henk van Riemsdijk (eds.), *The Syntax Companion*. Blackwell: London. 2003.

Merchant, Jason. Fragment and ellipsis. *Linguistics and Philosophy* 27, 661 - 738. 2004.

Merchant, Jason. *Rethinking the identity conditions in ellipsis*, Ealing, Paris. 2006.

Merchant, Jason. Ellipsis. In Tibor kiss and Artemis Alexiadou (eds.), *Syntax: An international handbook*, 2nd. edition, Berlin: Mouton de Gruyter. 2012.

Milsark. Gary L. Existential sentences in English. PhD Dissertation, MIT. 1974.

Morgan, Jerry. Sentence Fragments and the Notion "sentence", in Braj Kachru, Robert Lees, Yakov Malkiel, Angelina Pietrangeli, and Sol Saporta (eds.), *Issues in Linguistics*, pp. 719 – 751, University of Illinois Press, Urbana. 1973.

Morgan, Jerry. Sentence Fragments Revisited, in Bradley Music, Randolph Graczyk, and Caroline Wiltshire (eds.), CLS 25, *Parasession on Language in Context*, pp. 228 – 241, Chicago Linguistic Society, Chicago. 1989.

Mukai, Emi. *Movement in Japanese*. Unpublished manuscript, USC. 2005.

Nishgauchi, T. *Quantification in Syntax*, PhD Dissertation, Umass. 1986.

Nishgauchi, T. *Quantification in the Theory of Grammar*, Kluwer Academic Publishers, Dordrecht. 1990.

Nishiyama, Kunio. Sluicing without wh – movement. *Cornell Working Papers in Linguistics* 13: 85 – 96. 1995.

Nishiyama, Kunio, John Whitman, and Yi Eun – Young. Syntactic movement of overt wh – phrases in Japanese and Korean. *Japanese/Korean Linguistics* 5. Standford, CA: Centre for the Study of Language and Information, 337 – 51. 1996.

Nishiyama, Kunio. "Multiple sluicing" in Japanese and the functional nature of wh – phrases. *Journal of East Asian Linguistics* 7 (2). 121 – 152. 1998.

Nakamura, Masanori. Case morphology and island repair. Ms. Senshu Universituy. 2005.

Otani, Kazuyo, and John Whitman. V – raising and VP – ellipsis. *Linguistic Inquiry* 22: 345 – 358. 1991.

Park, Myung – Kwan. Subject – less clefts in Korean: Towards a deletion analysis. *Language Research* 37.4: 715 – 739. 2001.

Paul, Waltraud. Verb Raising in Chinese, in Chin – chuan Cheng et al. (eds.), *Proceedings of the Eighth North American Conference on Chinese Linguistics*, *Volume* 1, Graduate Students in Linguistics, USC, Los Angeles, pp. 260 – 276. 2001.

Paul, Waltraud. Verb Raising in Mandarin Chinese, *Studies in the Linguistics Sciences* 26 (1/2), 255 – 270. 2001.

Paul, Waltraud. Verb Gapping in Chinese: A Case of Verb Raising, *Lingua* 107, 207 – 226. 1999.

Paul, Ileana and Eric Potsdam. Sluicing without Wh – Movement in Malagasy. In Jason Merchant (ed.), *Sluicing*: *Cross – Linguistic Perspectives*, 2004.

Potsdam, Eric. Evidence for Semantic Identity under Ellipsis from Malagasy Sluicing. In *NELS* 33: *Proceedings of the North East Linguistic Society*. Makoto Kadowaki and Shigeto Kawahara (eds.). Amherst, Ma.: GLSA Publications. 2003.

Pesetsky, David. Wh – in – situ: Movement and unselective binding. In Eric J. Reuland & A. ter Meulen (eds) *The representation of (in) definiteness*, 98 – 129. Cambridge, Mass.: MIT Press. 1987.

Radford, Andrew. *Syntax*: *A Minimalist Introduction*. Cambridge University Press. 2000.

Reinhart, T. *Interpreting Wh – in – situ*, ms. 1990.

Reich, Ingo. Question/Answer Congruence and the Semantics of *wh* – phrases, *Theoretical Linguistics* 28, 73 – 94. 2002.

Ristad, E. *The language complexity game*. Cambridge, Mass.: MIT Press. 1993.

Rizzi, Luigi. The Fine Structure of the left – periphery, in Liliane Haegeman (ed.) *Elements of Grammar*, pp. 281 – 337. The Netherlands: Kluwer Academic Publishers. 1997.

Rooth, Mats E. Ellipsis redundancy and reduction redundancy. In *Proceedings of the Stuttgart Ellipsis Workshop*, ed. S. Berman & A. Hestvik. Heidelberg: IBM. 1992.

Rosen, Victoria. The LFG Architecture and "Verbless" Syntactic Construction, *Proceedings of the LFG' 96 Conference*, Rank Xeror, Grenoble, August 26 – 28, 1996. Mirram Butt Tracy Holloway (Editors), CSLI Publications.

Ross, John R. Constraints on Variables in Syntax, PhD thesis, MIT. 1967.

Ross, John R. Guess who? In *Proceedings of the fifth regional meeting of the Chicago Linguistic society*, ed. R. Binnick et al. University of Chicago, Chicago, Ill., 252 – 286. 1969.

Ross, John R. *Infinite Syntax*. Norwood, NJ: Ablex. 1986.

Sag, Ivan. *Deletion and Logical Form*, PhD dissertation, MIT. 1976.

Saito, Mamoru. Scrambling as semantically vacuous A' – movement, in M. Baltin and A. Kroch (eds.), *Alternative conceptions of phrase structure*, University of Chicago Press, Chicago, 1989. pp. 182 – 200.

Saito, Mamoru and Keiko Murasugi. N' – deletion in Japanese. *UConn working papers in linguistics* 3: 87 – 107. 1990.

Schlangen, David. *A coherence – based approach to the interpreta-*

tion of non – sentential utterances in dialogue. PhD Thesis, School of Informatics, University of Edinburgh. 2003.

Simpson, Andrew. *Sluicing*. Handouts of Lectures at LSA 2005 Linguistic Institute, Harvard/MIT. 2005.

Shimoyama, Junko. "On 'sluicing' in Japanese". Ms., University of Massachusetts, Amherst. 1995.

Sohn, Keun – Won. A non – sluicing, non – clefting approach to copula construction. *Studies in Generative Grammar*10: 267 – 295. 2000.

Stainton, Robert. Non – sentential Assertions and Semantic Ellipsis, *Linguistics and Philosophy* 18, 281 – 296. 1995.

Stainton, Robert. Utterance Meaning and Syntactic Ellipsis, *Pragmatics and Cognition*, 1997 (5), 51 – 78.

Stainton, Robert. Quantifier Phrases, Meaningfulness 'In Isolation', and Ellipsis, *Linguistics and Philosophy* 21, 311 – 340. 1998.

Stanley, Jason. Context and Logic Form, *Linguistics and Philosophy* 23, 391 – 434. 2000.

Tai, James, H. *Coordination Reduction*, PhD dissertation, Indiana University. 1969.

Tang, Chih – Chen Jane. *Chinese Phrase Structure and the Extended X' – Theory*, PhD dissertatiuon, Cornell University. 1990.

Tang, Sze, – Wing (邓思颖). The (non –) existence of Gapping in Chinese and its Implications for the Theory of Gapping. *JEAL* 10, 201 – 224. 2001.

Takahashi, Daiko. Movement of wh – phrases in Japanese. *Natural Language and Linguistic Theory* 11: 655 – 678. 1993.

Takahashi, Daiko. Sluicing in Japanese. *Journal of East Asian Linguistics*, 1994 (3): 265 – 300.

Tsai, Wei – Tien. *On Economizing the Theory of A – bar Dependencies, PhD dissertation, MIT*. 1994.

Tomioka, S. A Sloppy Identity Puzzle, *Natural Language Semantics* 7: 217 – 241. 1999.

Van Oirsouw, Robert. *The Syntax of Coordination*, New York: Croom Helm. 1987.

Wang, Chyan – an. *On Sluicing in Mandarin Chinese*. MA. Thesis, Tsing Hua University, Taiwan. 2002.

Wang, Chyan – an Arthur & Hsiao – Hung Iris Wu. Sluicing and Focus Movement in Wh – in – situ Languages. *Penn Working Papers in Linguistics* 12 (1): 375 – 87. 2006.

Wei, Tingchi. *Predication and Sluicing in Mandarin Chinese*. Doctiral dissertation, National Kaohsing Normal University, Kaohsiung. 2004.

Wei, Ting – Chi. Island Repair Effects of the Left Branch Condition in Mandarin Chinese. *Journal of East Asian Linguistics*, 2011, 20: 255 – 289.

Williams, Edwin S. Discourse and logical form. *Linguistic Inquiry* 8. 1: 101 – 139. 1977.

Williams, Edwin S. Predication. *Linguistic Inquiry* 11: 203 – 238. 1980.

Williams, Edwin S. Against small clause. *Linguistic Inquiry* 14: 287 – 308. 1983.

Williams, Edwin S. There – insertion. *Linguistic Inquiry* 15: 131 – 153. 1984.

Williams, Edwin S. NP trace and theta – theory. *Linguistics and philosophy* 10: 203 – 238. 1987.

Williams, Edwin S. *Thematic structure in syntax*. Cambridge,

Mass: MIT Press. 1994.

Wu, Hsiao – Hung. *Gapping in Classical and Modern Chinese*, Ms., Taiwan Normal University. 2002.

Wu, Hsiao – Hung. *On Ellipsis and Gapping in Mandarin Chinese*, MA. thesis, National Tsing – Hua university. 2003.

Xu, L. – J. Free Empty Category, *Linguistic Inquiry* 17, 75 – 93. 1986.

Xu, L. – J. Choice between the overt and the covert. *Transactions of Philological Society*, 101: 81 – 107. 2003.

Xu, L. – J. Remarks on VP – ellipsis in Disguise. *Linguistic Inquiry*: 163 – 71. 2003.

附　录

主要术语中英文对照表

变量	variable
表层照应	surface anaphora
并列结构限制	coordinate structure constraint
剥离	stripping
补足语	complement
残余成分	remnant
成分统制	c – command
词汇范畴	lexical category
存有完封	existential closure
代词脱落	pro – drop
等同条件	isomorphic condition/identity condition
动词短语省略	VP – ellipsis
动词空缺句	Verb gapping
动词跨界移位	across the board verb movement, ATB-V-movement
非指称性	non – referencial
附加语	ajunct
附加从句岛/状语从句岛	adjunct CP island
复杂名词组限制	complex NP constraint
功能范畴	functional category

孤岛修复	island repair
关联语	correlate
关系从句岛	relative island
管辖	govern
合并操作	merger
话语表达理论	discourse representation theory，DRT
话语连接	D – linked
后 LF	post – LF
IP 循环	IP recycling
基本解读	cardinal reading
极性词	polarity items
假截省句	pseudo – sluicing
假缺口句	pseudo – gapping
假位助动词	dummy auxiliary
截省句	sluicing/sluiced clause
介词滞留	preposition – stranding
近邻原则	subjacency principle
局部效应	locality effects
可得的话语	discourse – available
可及性条件	accessibility condition
空成分	empty element
空代词	pro/PRO
空语类	empty category，EC
类型意义	type meaning
零形代词	zero – pronoun
零形回指	zero – anaphora
逻辑式复制法	LF copy approach
量化力量	quantificational force

逻辑（形）式	logic form，LF
N－删略	N－deletion
萌生	sprouting
内层先行语	inner antecedents
内嵌句	embeded clause
爬升	scrambling
片语	fragment answer
平行性条件	parallelism request，PR
深层照应	deep anaphora
是—支持	shi－supporting
松散解读	sloppy reading
松散同一	sloppy identity
受限自由变量	restricted free variables
受约变量	bound variables
同位语岛	appositive island
先行语	antecedent
显性句法	overt syntax
严格解读	strict reading
严格同一	strict identity
疑问词的辖域	scope of wh－words
疑问词移位	wh－movement
疑问句岛	wh－island
疑问性不定名词	wh－indefinite
隐含代词	PRO
有定名词	referential expressions
语链	chain
语音形式	phonetic form，PF
预设解读	presuppositional reading

域内论元	internal argument
域外论元	external argument
原位疑问词	Wh - in - situ
约束者	binder
语音删除法	PF deletion approach
指示语	specifier
指称性的参数	referential parameter
主句	matrix clause
主语从句岛	sentential subject island
最简方案	minimalist program
左边界删略	left periphery deletion，LPD
左分支条件	left branch condition

后　记

本书是在作者博士论文的基础上结合近两年的研究成果增补而成，有关汉语截省句的研究正如其他各类句式的研究一样，观察越细致，越能发现问题之复杂。本书对于汉语截省句最终采取了两分的办法来处理，乃是充分尊重语言事实前提之下的慎重选择。研究还应继续，更多的问题还在寻求答案，结论没有最好，只有更好！

深深感谢先师方立教授多年的教导！先生严谨求实慎思明辨的治学态度及谦和朴实的人品是弟子的楷模！不才如我，未能在先生有生之年将此书出版，实为遗憾！

感谢在语言学研究道路上帮助、鼓励和支持我的所有师长、师兄师姐师弟师妹和朋友们！

感谢家人长期以来的支持和鼓励，你们的爱是我永远的动力！

感谢北京语言大学教务处及汉语学院领导的支持，感谢北京市教育委员会共建项目的专项资助！

特别感谢本书的责任编辑任明先生及中国社会科学出版社的其他有关工作人员，你们的辛勤工作保证了本书的如期出版！

刘丽萍

2015 年春于北语